ちっちゃな焼き菓子とケーキの本
Tiny cookies and cakes recipe book　黒川愉子

プレーンなケーキに、

いろんな味のケーキ。

お茶時間の
　おともに、

贈りものにだって。

もくじ

Menu 1

たくさん作って、みんなにおすそわけ。
焼きっぱなしのスティック＆スクエアケーキ

- 10 プレーンスティックケーキ
- 12 チャイのスティックケーキ
- 14 キャラメルスティックケーキ
- 16 かぼちゃのスティックケーキ
- 18 スティックブラウニー
- 20 ナッツ入りスティックブラウニー
- 22 甘納豆のスティックケーキ
- 24 紅茶のスティックフィナンシェ
- 26 抹茶のスクエアカステラ
- 28 黒糖のスクエアカステラ
- 30 バナナとごまのスクエアケーキ
- 32 ドライマンゴーとココナッツのスクエアケーキ
- 34 アプリコットのスクエアタルト
- 36 いちごジャムのモカブラウニー

Menu 2

コーヒーと紅茶のおトモダチ。
バークッキーとスクエアクッキー

- 40 レモンシュガーのバークッキー
- 42 ジンジャーのバークッキー
- 44 チョコチャンクのバークッキー
- 46 きなことごまのバークッキー
- 48 抹茶マーブルのバークッキー
- 50 黒糖と山椒のショートブレッド
- 52 いちごジャムの絞り出しクッキー
- 54 シナモンコーヒーのスクエアクッキー
- 56 くるみのキューブクッキー
- 58 黒糖のキューブスコーン
- 60 ペッパーチーズのスクエアクラッカー

この本での約束ごと

- 大さじ1は15ml、小さじ1は5ml、1カップは200mlです。
- 砂糖とあるのは上白糖のこと。卵はMサイズを使用しています。
- 電子レンジの加熱時間は、500Wのものを基準にしています。
  600Wの場合は0.8倍、400Wの場合は1.2倍を目安にしてください。機種によっては多少差が出ることもあります。
- オーブンは、あらかじめ設定温度に温めておきます。温度や焼き時間は、熱源や機種などによって多少差があります。
  レシピを目安に、様子を見ながら加減してください。

Menu 3

大切なあの人と食べたいな。
特別な日のスティックケーキ

- 64　いちごミルクのショートケーキ
- 65　抹茶とホワイトチョコのショートケーキ
- 68　スティックガトーショコラ
- 70　紅茶のガトーショコラブラン
- 72　メープルエクレア
- 73　スティックエクレア
- 76　レモンタルト
- 77　フルーツタルト
- 80　豆乳とあずきのスティックミルフィーユ

column

- 124　おすそわけのヒント
- 126　材料のおはなし
- 127　作りはじめるまえに

Menu 4

いろんなおいしいが、いっぱい。
ちっちゃなデザートとお菓子 ア・ラ・カルト

- 86　スティックプリン
- 88　ビスケット入りチョコバー
- 90　玄米フレークとナッツのマシュマロバー
- 92　オレオのアイスサンドバー
- 94　シナモンスティックドーナッツ
- 96　ダコワーズのピーナッツバターサンド
- 98　チーズプリン
- 100　チーズクリームのプチパイ
- 102　チーズとチョコチップのドロップクッキー
- 104　カッテージチーズのプチシフォン
- 106　かぼちゃのスクエアプリン
- 108　抹茶のスクエアパンナコッタ
- 110　生チョコキューブ
- 112　スクエアミントパルフェ
- 114　キウイのスクエア寒天
- 116　クロワッサンのスクエアパンプディング
- 118　コーヒーバタークリームのスクエアケーキ
- 120　塩バターキャラメル
- 122　ラズベリーとりんごのパート・ド・フリュイ

Menu 1

たくさん作って、みんなにおすそわけ。
焼きっぱなしの
スティック&スクエアケーキ

ぽっかりあいた、午後のひととき。
ちいさなおなかに、木枯らしがすーすーすー。
小麦粉、あったっけ。バター、買ったばかりだったよね。
まぜまぜ、さくさく、粉とたわむれたあとは、
たのしい、たのしい、オーブンとのにらめっこ。
バターのいい香りが、お部屋にふうわり広がってきたら
うれしいお茶の時間は、もうすぐ。

Bâton de cake

幼い頃、3時のおやつの思い出は、
卵たっぷり、はちみつたっぷりのふわふわカステラ。
大人になった今だって、やーっぱり仲よしのまま。

プレーンスティックケーキ

材料(15×15cmの角型1台分)

薄力粉　70g
ベーキングパウダー　小さじ1/4弱
バター(食塩不使用)　60g
粉砂糖(または砂糖)　40g
卵　1個
はちみつ　大さじ1
ラム酒　小さじ1

下準備
🍁 バターは室温に戻す。
🍁 卵は室温に戻し、
　はちみつを加えて溶きほぐす。
🍁 薄力粉とベーキングパウダー(合わせて)、
　粉砂糖はそれぞれふるう。
🍁 型にバター(分量外)を塗り、
　オーブンシートを敷く。
🍁 オーブンを180℃に温める。

作り方
1　ボウルにやわらかくしたバターを入れ、ゴムベラでクリーム状に練り(a)、粉砂糖を加えて泡立て器でしっとり、ふんわりするまですり混ぜる。
2　卵液の1/3量、粉類大さじ1の順に加えてそのつど泡立て器で混ぜ(b)、これをもう1回くり返し、残りの卵液とラム酒も混ぜる。残りの粉類を一度に加え、粉っぽさがなくなるまで泡立て器で混ぜる。
3　型に流して平らにならし、180℃のオーブンで15〜20分焼く。型から出して(焼きたてはやわらかいのでシートの角を2か所持って・c)金網にのせて冷まし、1.5cm幅に切る。4辺の端を1cmくらい切り落としてからカットすると(d)、きれいなスティックになる。

Bâton de cake au thé indien

いつかどこかで口にしたような。
初めてのはずなのに、なつかしいような。
スパイスはそんな記憶を運んでくる、不思議なトモダチ。

チャイのスティックケーキ

材料(15×15cmの角型1台分)

- 薄力粉　60g
- ベーキングパウダー　小さじ1/4弱
- シナモン　小さじ1/2
- カルダモン、ジンジャーパウダー　各小さじ1/4
- ナツメグ、クローブ　各少々

バター(食塩不使用)　60g
粉砂糖(または砂糖)　45g
卵　1個
牛乳　小さじ2
紅茶の葉(アッサム)　大さじ1/2

下準備
- バターは室温に戻す。
- 卵は室温に戻し、牛乳を加えて溶きほぐす。
- 薄力粉〜クローブ(合わせて)、粉砂糖はそれぞれふるう。
- 型にバター(分量外)を塗り、オーブンシートを敷く。
- オーブンを180℃に温める。

作り方

1　ボウルにやわらかくしたバターを入れ、ゴムベラでクリーム状に練り、粉砂糖を加えて泡立て器でしっとり、ふんわりするまですり混ぜる。

2　卵液の1/3量、粉類大さじ1の順に加えてそのつど泡立て器で混ぜ、これをもう1回くり返し、残りの卵液も混ぜる。残りの粉類を一度に加え、粉っぽさがなくなるまで泡立て器で混ぜ、紅茶の葉(指で細かくつぶしながら。ティーバッグならそのまま)を加えてムラなく混ぜる(a)。

3　型に流して平らにならし、180℃のオーブンで15〜20分焼く。型から出して金網にのせて冷まし、1.5cm幅に切る。

♛ スパイスたち
チャイの風味を決めるのは、シナモン、カルダモン、ジンジャー、ナツメグ、クローブの5つのスパイス。ほんの少し加えるだけで、バターケーキやクッキーなどを香り高い、個性的なおいしさにしてくれます。全部そろえるのが大変なら、シナモンとカルダモンだけはぜひ入れて。

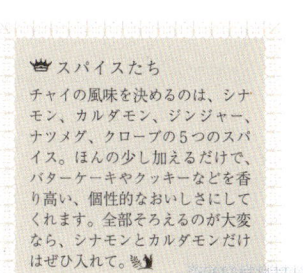

Bâton de cake au caramel

四角い包みをひらいたら、
お口の中で、ころころ、こーろりん。
手をつないで、落ち葉をふみしめて、歩いた遠いあの日。

キャラメルスティックケーキ

材料(15×15cmの角型1台分)

薄力粉　70g
ベーキングパウダー　小さじ1/4弱
バター(食塩不使用)　60g
粉砂糖(または砂糖)　40g
卵　1個
ラム酒　小さじ1
【キャラメルクリーム】
砂糖　30g
水　小さじ1/2
熱湯　小さじ2
生クリーム　大さじ2

下準備
▲ バターと卵は室温に戻す。
▲ 薄力粉とベーキングパウダー(合わせて)、粉砂糖はそれぞれふるう。
▲ 型にバター(分量外)を塗り、オーブンシートを敷く。
▲ オーブンを180℃に温める。

作り方

1　キャラメルクリームを作る。小鍋に砂糖と水を入れて中火にかけ(鍋はゆすらずに)、茶色くなりはじめたら鍋を回して色みを均一にし、全体が濃いこげ茶色になったら火を止める。熱湯を加えて(はねるので注意・a)鍋を回して混ぜ、生クリームを加えて木ベラで混ぜ、容器に移して粗熱をとる。

2　ボウルにやわらかくしたバターを入れ、ゴムベラでクリーム状に練り、粉砂糖を加えて泡立て器でしっとり、ふんわりするまですり混ぜる。

3　溶いた卵の1/3量、粉類大さじ1の順に加えてそのつど泡立て器で混ぜ、これをもう1回くり返し、残りの卵、ラム酒、キャラメルクリームの半量の順に加えてそのつど混ぜる。残りの粉類を一度に加え、粉っぽさがなくなるまで泡立て器で混ぜる。

4　型に流して平らにならし、残りのキャラメルクリームをスプーンで数か所に落とし、竹串で小さなうず巻きを描くようにしてマーブル模様を作る(b)。180℃のオーブンで15〜20分焼き、型から出して金網にのせて冷まし、2cm幅に切る。

Bâton de cake au potiron

ドーナッツ、クッキー、プリンに蒸しパン。
やさしい甘さのかぼちゃのお菓子は、チチンプイプイ。
作っている時間ごとやさしくなれる、魔法のおやつ。

かぼちゃのスティックケーキ

材料(15×15cmの角型1台分)

- 薄力粉　70g
- コーンスターチ　10g
- シナモン　小さじ1/2
- ベーキングパウダー　小さじ1/4弱

バター(食塩不使用)　40g
粉砂糖(または砂糖)　50g
卵　1個
はちみつ　小さじ1
かぼちゃ(種とワタをとって)　120g(1/12個)

下準備
- ♠ バターは室温に戻す。
- ♠ 卵は室温に戻し、はちみつを加えて溶きほぐす。
- ♠ 薄力粉〜ベーキングパウダー(合わせて)、粉砂糖はそれぞれふるう。
- ♠ 型にバター(分量外)を塗り、オーブンシートを敷く。

作り方

1 かぼちゃはひと口大に切り、耐熱皿にのせてラップをかけ、電子レンジで4分加熱する。皮をはずして熱いうちに裏ごしし(a)、50g分用意する。皮は2〜3mm幅に切る(b)。オーブンを180℃に温める。

2 ボウルにやわらかくしたバターを入れ、ゴムベラでクリーム状に練り、粉砂糖を加えて泡立て器でしっとり、ふんわりするまですり混ぜる。

3 卵液の1/3量、粉類大さじ1の順に加えてそのつど泡立て器で混ぜ、これをもう1回くり返し、残りの卵液、1のかぼちゃの順に加えてそのつど混ぜる。残りの粉類を一度に加え、粉っぽさがなくなるまで泡立て器で混ぜる。

4 型に流して平らにならし、かぼちゃの皮を適量散らし、180℃のオーブンで15〜20分焼く。型から出して金網にのせて冷まし、2cm幅に切る。

a

b

Bâton de brownie

かさこそ、ポッケから出てきたのは
あの日、あの子からもらったキャンディーの包み紙。
大事な大事な手紙みたいな。

スティックブラウニー

材料(15×15cmの角型1台分)

- 製菓用チョコレート　50g
- バター(食塩不使用)　40g
- 薄力粉　40g
- ベーキングパウダー　小さじ1/4弱
- 砂糖　50g
- 卵　1個

下準備
- 卵は室温に戻す。
- チョコレートは細かく刻む。
- 薄力粉とベーキングパウダーは、合わせてふるう。
- 型にバター(分量外)を塗り、オーブンシートを敷く。

作り方

1　耐熱容器にチョコレートとバターを入れ、ラップをかけて電子レンジで1分半加熱して溶かす。オーブンを180℃に温める。

2　ボウルに卵を溶きほぐし、砂糖を加えて泡立て器で混ぜる(砂糖がなじめばOK)。1のチョコレートを2回に分けて加え(a)、粉類を加えて粉っぽさがなくなるまで泡立て器で混ぜる。

3　型に流し、底をトントンとたたいて平らにならし、180℃のオーブンで15〜20分焼く。型から出して冷まし、2cm幅に切る。

♛カルマの製菓用チョコレート

ブラウニーやガトーショコラなど、チョコレートが主役のお菓子には、風味よく仕上がる製菓用のチョコがおすすめ。私がよく使っているのは、スイス「カルマ」のビタースイートタイプ。タブレット状なので、刻む手間がなくて便利です。

(ク)→入手先は128ページに

Bâton de brownie aux pistaches et noix d'acajou

Stick Cake 6

ひとつ、ふたつ、みっつ……お部屋に並んだまつぼっくりは、
ひと足早い秋を告げる、季節のメッセージ。
ちいさな友だちからの贈りもの。

ナッツ入りスティックブラウニー

材料(15×15cmの角型1台分)

薄力粉　65g
ココア　大さじ1
ベーキングパウダー　小さじ1/4弱
バター(食塩不使用)　30g
ピーナッツバター(微糖)　30g
粉砂糖(または砂糖)　50g
卵　1個
ラム酒　大さじ1/2
カシューナッツ　1/4カップ
ピスタチオ　小さじ2

下準備

🌲 バターと卵は室温に戻す。
🌲 薄力粉〜ベーキングパウダー(合わせて)、粉砂糖はそれぞれふるう。
🌲 型にバター(分量外)を塗り、オーブンシートを敷く。
🌲 オーブンを180℃に温める。

作り方

1　ボウルにやわらかくしたバターを入れ、ゴムベラでクリーム状に練り、ピーナッツバターを加えて練り混ぜる(a)。粉砂糖を加え、泡立て器でしっとり、ふんわりするまですり混ぜる。

2　溶いた卵の1/3量、粉類大さじ1の順に加えてそのつど泡立て器で混ぜ、これをもう1回くり返し、残りの卵とラム酒も混ぜる。残りの粉類を一度に加え、粉っぽさがなくなるまで泡立て器で混ぜる。

3　型に流して平らにならし、半分に切ったカシューナッツ、ピスタチオを全体に散らし(b)、180℃のオーブンで15〜20分焼く。型から出して冷まし、2cm幅に切る。

a

b

Bâton de cake aux haricots sucrés

Stick Cake 7

何度もとり出してながめては、幼い心をときめかせた
宝石箱の中のルビー、サファイア、エメラルド……。
そんな思い出の時間を、ケーキにとじこめて。

甘納豆のスティックケーキ

材料（15×15cmの角型1台分）

薄力粉　70g
ベーキングパウダー　小さじ1/4弱
バター（食塩不使用）　60g
粉砂糖（または砂糖）　40g
卵　1個
ブランデー（またはラム酒）　大さじ1/2
甘納豆　1/3カップ

下準備
🍁 バターと卵は室温に戻す。
🍁 薄力粉とベーキングパウダー（合わせて）、粉砂糖はそれぞれふるう。
🍁 型にバター（分量外）を塗り、オーブンシートを敷く。
🍁 オーブンを180℃に温める。

作り方

1　ボウルにやわらかくしたバターを入れ、ゴムベラでクリーム状に練り、粉砂糖を加えて泡立て器でしっとり、ふんわりするまですり混ぜる。

2　溶いた卵の1/3量、粉類大さじ1の順に加えてそのつど泡立て器で混ぜ、これをもう1回くり返し、残りの卵とブランデーも混ぜる。残りの粉類を一度に加え、粉っぽさがなくなるまで泡立て器で混ぜ、甘納豆の1/4量を加えてゴムベラでざっくりと混ぜる。

3　型に流して平らにならし、180℃のオーブンで5分焼き、いったん取り出して残りの甘納豆をのせ(a)、オーブンに戻して10〜15分焼く。型から出して金網にのせて冷まし、2cm幅に切る。

a

Bâton de financier au thé

白いちょうちょが、ふわふわ飛びはじめると
うれしいとさびしいの気持ちが、くるくる回りだす。
またいつか、どこかで会えるといいね。

紅茶のスティックフィナンシェ

材料(15×15cmの角型1台分)

- アーモンドパウダー　60g
- 砂糖　70g
- 薄力粉　大さじ1½
- 強力粉　大さじ1½
- バター(食塩不使用)　70g
- 卵白　2個分
- はちみつ　大さじ1
- 紅茶の葉　小さじ1

下準備
- 卵白は室温に戻す。
- アーモンドパウダー〜強力粉は、合わせてふるう。
- 型にバター(分量外)を塗り、オーブンシートを敷く。
- オーブンを190℃に温める。

作り方

1　こがしバターを作る。小鍋にバターを入れて弱火にかけ、ぶくぶくと泡立ってこげ茶色にこげてきたら火を止め(a)、キッチンペーパーでこして冷ましておく。

2　ボウルに卵白を入れ、どろりとしたかたまりがなくなるまで泡立て器で混ぜる(泡立て器をボウルの底から離さないようにして、ジグザグに混ぜるといい・b)。

3　別のボウルに粉類を入れ、2の卵白を少しずつ加え、ゴムベラで押しつけるようにしながら粉っぽさがなくなるまで混ぜる(c)。こがしバター(粗熱がとれたもの)にはちみつを混ぜたもの、紅茶の葉(指で細かくつぶしながら。ティーバッグならそのまま)も加え、ムラなく混ぜる。

4　型に流し、190℃のオーブンで15〜16分焼く。型から出して冷まし、1.5cm幅に切る。

a

b

c

Castella au macha

square cake 1

裸足の指のあいだを、こちょこちょくすぐるのは、
春風に揺れる、芝生のちいさな葉っぱたち。
ごろんと寝そべった髪には、大事に編んだシロツメクサの花かんむり。

抹茶のスクエアカステラ

材料(15×15cmの角型1台分)

強力粉　40g
薄力粉　10g
砂糖　80g
卵　2個
　抹茶　小さじ1
　湯　大さじ1
　はちみつ　大さじ1

下準備
♣ 強力粉と薄力粉は、合わせてふるう。
♣ 型にバター(分量外)を塗り、オーブンシートを敷く。
♣ オーブンを190℃に温める。

作り方
1 抹茶に分量の湯を少々加えて溶き、残りの湯、はちみつを加えて泡立て器で混ぜる。
2 ボウルに卵を溶きほぐし、湯せん(ボウルの底に湯をあてる)にかけながらハンドミキサーの高速で泡立てる。白っぽくもったりしてきたら、砂糖を2回に分けて加え、すくってみてリボン状に積み重なるまで泡立てる(a)。1を加えて低速で混ぜ、粉類をふり入れ、粉っぽさがなくなるまで混ぜる。*途中、人肌(指を入れて温かく感じるくらい)に温まったら、湯せんからはずす。
3 型に流し、カードで全体をサクサク切り(生地がふくらみすぎないようにするため・b)、平らにならす。190℃のオーブンで25分焼く。*竹串をさして、どろっとした生地がつかなければ焼き上がり。
4 型から出し、金網にタオル、オーブンシートの順に敷いた上に逆さまにのせ(c)、10分冷ます(しぼむのを防ぐのと、上を平らにするため)。上下を返し、完全に冷めたら4cm角に切る。

Castella au sucre noir

幼い頃、枕元でくり返し読んでもらった絵本は、
2ひきののねずみさんたちが、大きなたまごでカステラを焼く物語。
夢の中で、むにゃむにゃ、ごちそうさま。

黒糖のスクエアカステラ

材料(15×15cmの角型1台分)

強力粉　40g
薄力粉　10g
黒砂糖　60g
砂糖　20g
卵　2個
黒みつ(またははちみつ)　小さじ2

下準備
♣ 強力粉と薄力粉は、合わせてふるう。
♣ 型にバター(分量外)を塗り、オーブンシートを敷く。
♣ オーブンを190℃に温める。

作り方

1 ボウルに卵を溶きほぐし、湯せん(ボウルの底に湯をあてる)にかけながらハンドミキサーの高速で泡立てる。白っぽくもったりしてきたら、砂糖、黒砂糖(それぞれ2回に分けて)、黒みつの順に加え、すくってみてリボン状に積み重なるまで泡立てる。粉類をふり入れ、低速で粉っぽさがなくなるまで混ぜる。＊途中、人肌(指を入れて温かく感じるくらい)に温まったら、湯せんからはず す。

2 型に流し、カードで全体をサクサク切り(生地がふくらみすぎないようにするため)、平らにならす。190℃のオーブンで25分焼く。

3 型から出し、金網にタオル、オーブンシートの順に敷いた上に逆さまにのせ、10分冷ます(しぼむのを防ぐのと、上を平らにするため・27ページ参照)。上下を返し、完全に冷めたら7cm角に切る。

黒砂糖

さとうきびの絞り汁を、そのまま煮つめて砂糖にしたもの。お菓子に使うと、力強い甘さや独特の風味が楽しめます。ドーナッツやクッキー、パンケーキに使ったり、煮溶かして黒みつにしたり。生クリームと合わせた、黒糖クリームもおいしい。

Cake à la banane et au sésame

square cake 3

ぴゅーぴゅー、お外で冷たい北風に吹かれた日は、
カフェオレ色のものが、なぜだかとっても恋しい。
ぽってりコーヒーマグ、手編みのクッションカバー、もこもこあったかブランケット。

バナナとごまのスクエアケーキ

材料(15×15cmの角型1台分)

薄力粉　70g
コーンスターチ　大さじ1 1/2
ベーキングパウダー　小さじ1/4
バター(食塩不使用)　50g
粉砂糖(または砂糖)　60g
卵　1個
バナナ　中1本(正味100g)
黒いりごま　小さじ2

下準備
♣ バターと卵は室温に戻す。
♣ 薄力粉～ベーキングパウダー(合わせて)、
　粉砂糖は、それぞれふるう。
♣ バナナは皮をむき、フォークで細かくつぶす(a)。
♣ 型にバター(分量外)を塗り、
　オーブンシートを敷く。
♣ オーブンを180℃に温める。

作り方
1　ボウルにやわらかくしたバターを入れ、ゴムベラでクリーム状に練り、粉砂糖を2回に分けて加えて泡立て器でしっとり、ふんわりするまですり混ぜる(b)。
2　溶いた卵(3回に分けて)、粉類(ふり入れて)の順に加え、泡立て器で粉っぽさがなくなるまで混ぜる。つぶしたバナナ、黒ごまを加え、ゴムベラでさっくりと混ぜる。
3　型に流して平らにならし、180℃のオーブンで20分焼く(途中、焼き色がついたらアルミホイルをかぶせて)。型から出して金網にのせて冷まし、4cm角に切る。

Cake à la mangue séchée et noix de coco

雨上がりの午後のお散歩は、ちいさなお楽しみがいっぱい。
かたつむりの行進、水たまりをすいすい泳ぐあめんぼ、
キラキラ七色に輝く、あじさいの花びらたち。

ドライマンゴーとココナッツのスクエアケーキ

材料(15×15cmの角型1台分)

薄力粉　70g
ベーキングパウダー　小さじ1/4
バター(食塩不使用)　60g
粉砂糖(または砂糖)　50g
卵　1個
はちみつ　小さじ2
｜ドライマンゴー　50g
｜ラム酒　大さじ1/2
ココナッツロング　大さじ2

下準備
♣ バターと卵は室温に戻す。
♣ 薄力粉とベーキングパウダー(合わせて)、粉砂糖は、それぞれふるう。
♣ ドライマンゴーは1cm角に切り、ラム酒をかけておく(a)。
♣ 型にバター(分量外)を塗り、オーブンシートを敷く。
♣ オーブンを180℃に温める。

作り方
1. ボウルにやわらかくしたバターを入れ、ゴムベラでクリーム状に練り、粉砂糖を2回に分けて加えて泡立て器でしっとり、ふんわりするまですり混ぜる。
2. 溶いた卵(3回に分けて)、粉類(ふり入れて)、はちみつの順に加え、泡立て器で粉っぽさがなくなるまで混ぜる。刻んだマンゴーを加え、ゴムベラでさっくりと混ぜる。
3. 型に流して平らにならし、ココナッツを散らし(b)、180℃のオーブンで20分焼く(途中、焼き色がついたらアルミホイルをかぶせて)。型から出して金網にのせて冷まし、5cm角に切る。

ドライマンゴー、ココナッツロング

ドライマンゴー(写真左)は、マンゴーをカットして乾燥させたもの。刻んでラム酒に漬け、焼き菓子に混ぜたり、そのままワインのおつまみに。ココナッツロングは、ココナッツの白い果肉を乾燥させ、細切りにしたもの。生クリームでデコレーションしたケーキのトッピングに使ってもかわいい。

a

b

Tarte aux abricots

誰かにやさしくしてもらった、あったか気分の日には、
おうちでいそいそ、ひとり焼き菓子作り。
うれしい気持ちに、リボンをかけてお返し。

アプリコットのスクエアタルト

材料(15×15cmの角型1台分)

【タルト生地】
薄力粉　100g
バター(食塩不使用)　60g
粉砂糖　30g
卵黄　1/2個分
塩　3本の指でひとつまみ
ツヤ出し用の溶き卵　適量

【アーモンドクリーム】
アーモンドパウダー　30g
バター(食塩不使用)　30g
粉砂糖　30g
卵　1/2個分
バニラオイル(またはバニラエッセンス)　少々
アプリコット(缶詰・半割りのもの)　9個

下準備
♣ タルト生地のバターは1cm角に切り、冷蔵室で冷やしておく。
♣ 薄力粉と塩(合わせて)、アーモンドパウダー、粉砂糖は、それぞれふるう。
♣ 型にバターを塗り、強力粉をはたく(ともに分量外)。
♣ アーモンドクリームのバターと卵は、室温に戻す。

作り方
1. タルト生地を作る。ボウルに粉類と冷たいバターを入れ、カードでバターを切りながら粉と混ぜる。バターの形が見えなくなったら、粉砂糖、卵黄の順に加えて切り混ぜ、平たい四角形にまとめてラップで包み、冷蔵室で3時間以上休ませる。
2. 生地を2枚のラップではさみ、めん棒で19cm角くらいにのばし、型にきっちりと敷き込む(a)。底全体にフォークで穴をあけ、ラップをかけて冷蔵室で30分休ませる。オーブンを190℃に温める。
3. 生地にそって底から側面にアルミホイルを敷き、パイ石(古いあずきでも)をのせ(b)、190℃のオーブンで12分焼く。取り出してパイ石をはずし、底と側面に卵を塗り、さらに2分焼く。
4. アーモンドクリームを作る。オーブンを180℃に温める。ボウルにバターを入れてゴムベラで練り、粉砂糖を加えて泡立て器ですり混ぜる。溶いた卵を2回に分けて加え、アーモンドパウダー、バニラオイルの順に加えてゴムベラでよく混ぜる(c)。
5. 3のタルト台に4を流して平らにならし、汁けをきったアプリコットを並べ(d)、180℃のオーブンで25〜30分焼く。粗熱がとれたら型から出し、金網にのせて冷ます。

Brownie à la confiture de fraise

square cake 6

まっ赤なお鍋が、くつくつ、くつくつおしゃべりをはじめたら、
チェックのふたのびんたちが、キッチンに大集合。
小粒のいちごたちを集めて作る、キラキラ輝く特製ジャム。

いちごジャムのモカブラウニー

材料(15×15cmの角型1台分)
- 製菓用チョコレート 50g
- バター(食塩不使用) 40g
- 薄力粉 40g
- ココア 小さじ4
- ベーキングパウダー 小さじ1/4
- 砂糖 50g
- 卵 1個
- アーモンドダイス 大さじ1
- インスタントコーヒー(粉末のもの) 小さじ1
- いちごジャム 50g

下準備
- 卵は室温に戻す。
- チョコレートは細かく刻む。
- 薄力粉〜ベーキングパウダーは、合わせてふるう。
- 型にバター(分量外)を塗り、オーブンシートを敷く。

作り方
1. 耐熱容器にチョコレートとバターを入れ、電子レンジで1分半加熱して溶かす(a)。オーブンを180℃に温める。
2. ボウルに卵を溶きほぐし、砂糖を加えて泡立て器で混ぜる(砂糖がなじめばOK)。1のチョコレート(2回に分けて)、粉類(ふり入れて)、コーヒー(b)、アーモンドダイスの順に加え、そのつど泡立て器でよく混ぜる。
3. 型に流して平らにならし、いちごジャムをティースプーン1杯分ずつ3×3列に落とし、180℃のオーブンで15〜20分焼く。型から出して金網にのせて冷まし、4cm角に切る。

❁アーモンドダイス❁
アーモンドの皮をむき、細かく刻んだもの。クッキーに加えると、プチプチとした食感がプラスされておいしい。塩バターキャラメル(120ページ)に加えても美味。

Menu 2

コーヒーと紅茶のおトモダチ。
バークッキーとスクエアクッキー

羊さんみたいに、ほんのり黄みがかった小麦粉に、
ミルク色のバター、まっ白の雪のようなお砂糖。
どれも、お料理にも使う材料なのに、
オーブンに入れると、どうして、どうして、なぜなんだろ。
焼きたてのさくさくクッキーは、
ひと口で心と心を近づけてくれる、やさしい味わい。
もっともっと仲よしになりたいあの人と、
ちっちゃなお菓子を囲んで、おいしい時間を過ごそう。

yummy?

Bâton de sablé au citron et sucre

Bar Cookie 1

夕焼け空に願ったのは、
明日のお天気、明日の笑顔、まだ見ぬ人との新しい出会い。
しあわせを集める、ちいさなおまじない。

レモンシュガーのバークッキー

材料（1.5×12cmのもの20〜25本分）

薄力粉　110g
バター（食塩不使用）　60g
粉砂糖　35g
卵　1個
レモン（無農薬のもの）　1個
まわりにまぶすグラニュー糖　適量

下準備
- バターと卵は室温に戻す。
- レモンは皮をすりおろす。
- 薄力粉と粉砂糖は、それぞれふるう。
- 天板にオーブンシートを敷く。

作り方

1　ボウルにやわらかくしたバターを入れ、ゴムベラでクリーム状に練り、粉砂糖を2回に分けて加えて泡立て器ですり混ぜる。しっとり、ふんわりしてきたら、よく溶いた卵小さじ1、レモンの皮の順に加えてそのつどよく混ぜ、薄力粉を3回に分けて加え、ゴムベラで粉っぽさがなくなるまで混ぜる。

2　ひとまとめにして2枚のラップではさみ、めん棒で約12×約10cmくらい、8mm厚さにのばす（両脇にかまぼこの板などを置くと、厚みが均一に・a。生地がやわらかいようなら、冷蔵室で少し休ませて）。ラップで包み、冷蔵室で2時間以上休ませる。オーブンを180℃に温める。

3　生地を残りの卵にくぐらせ、グラニュー糖を全体にまぶす（b）。4辺の端を少し切り落とし（きれいな四角形にするため）、5mm幅に切り（c）、断面を上にして天板に並べ、180℃のオーブンで12〜15分焼く。金網にのせて冷ます。

a

b

c

Bâton de sablé au gingembre

Bar Cookie 2

あつあつココアに、ジンジャーをひとふり。
母がいつもしてくれた、なつかしいマジック。
カゼさん、カゼさん、早くよくなあれ。

ジンジャーのバークッキー

材料(1.7×8cmのもの30〜35本分)

薄力粉　100g
ココア　小さじ2
ジンジャーパウダー　小さじ1
バター(食塩不使用)　60g
粉砂糖　45g
卵　1個

下準備
🌼 バターと卵は室温に戻す。
🌼 薄力粉〜ジンジャーパウダー(合わせて)、粉砂糖はそれぞれふるう。
🌼 天板にオーブンシートを敷く。

作り方

1. ボウルにやわらかくしたバターを入れ、ゴムベラでクリーム状に練り、粉砂糖を2回に分けて加えて泡立て器ですり混ぜる。しっとり、ふんわりしてきたら、よく溶いた卵小さじ1を加えて混ぜ、粉類を3回に分けて加え、ゴムベラで粉っぽさがなくなるまで混ぜる。

2. ひとまとめにして2枚のラップではさみ、めん棒で縦8×横15cmくらい、1cm厚さにのばす(生地がやわらかいようなら、冷蔵室で少し休ませる)。ラップで包み、冷蔵室で2時間以上休ませる。オーブンを180℃に温める。

3. 生地の4辺の端を少し切り落とし、5mm幅に切り、断面を上にして天板に並べる。表面に残りの卵をハケで塗り、ナイフで縦に2本すじをつけ(a)、180℃のオーブンで12〜15分焼く。金網にのせて冷ます。

👑 ジンジャーパウダー
しょうがを乾燥させて粉末状にしたもので、生のものほど刺激がなく、さわやかな風味。紅茶やミルク、りんごを使ったお菓子にもよく合います。サラダのドレッシングにちょこっと入れても美味。

Bâton de sablé aux éclats de chocolat

Bar Cookie 3

ちいさな甘みが、舌の上でほどけるうちに
いつしかココロは、ふわふわ時間旅行。
大好きだった、赤い包みの板チョコレート。

チョコチャンクのバークッキー

材料(1.5×8cmのもの30〜35本分)
薄力粉　110g
バター(食塩不使用)　60g
粉砂糖　40g
溶き卵　小さじ1
バニラオイル　1〜2滴
板チョコ　30g
表面に塗る牛乳　適量

下準備
🌲 バターは室温に戻す。
🌲 板チョコは5mm角に刻む(a)。
🌲 薄力粉と粉砂糖は、それぞれふるう。
🌲 天板にオーブンシートを敷く。

作り方
1　ボウルにやわらかくしたバターを入れ、ゴムベラでクリーム状に練り、粉砂糖を2回に分けて加えて泡立て器ですり混ぜる。しっとり、ふんわりしてきたら卵を加えて混ぜ、薄力粉を3回に分けて加え、ゴムベラで粉っぽさがなくなるまで混ぜる。バニラオイルと板チョコも加え、さっくりと混ぜる。
2　ひとまとめにして2枚のラップではさみ、めん棒でタテ8×ヨコ15cmくらい、1cm厚さにのばす(生地がやわらかいようなら、冷蔵室で少し休ませて)。ラップで包み、冷蔵室で2時間以上休ませる。オーブンを180℃に温める。
3　生地の4辺の端を少し切り落とし、5mm幅に切り、断面を上にして天板に並べる。表面に牛乳をハケで塗り(b)、180℃のオーブンで12〜15分焼き、金網にのせて冷ます。

♛ コートドールの板チョコ
私のお気に入り、ベルギーでいちばん有名な「コートドール」のミルクチョコ。これ以外なら、スイスやフランス製のチョコレートが風味がよくておすすめです。ほろ苦いのがお好みなら、ビターチョコで作ってもOK。

Bâton de sablé au sésame et farine de soja

Bar Cookie 4

千代紙、おはじき、かるた、万華鏡……。
昔よく遊んだおもちゃたちは、今だってトモダチ。
引き出しの奥で、くーくー眠ってる。

きなことごまのバークッキー

材料(1.2×12cmのもの20〜25本分)
薄力粉　70g
きなこ　25g
バター(食塩不使用)　60g
粉砂糖　35g
牛乳　小さじ1
⋮牛乳　小さじ2
⋮はちみつ　小さじ1/2
白・黒いりごま　各適量

下準備
▲ バターは室温に戻す。
▲ 薄力粉ときなこ(合わせて)、
　粉砂糖はそれぞれふるう。
▲ 天板にオーブンシートを敷く。

作り方
1　ボウルにやわらかくしたバターを入れ、ゴムベラでクリーム状に練り、粉砂糖を2回に分けて加えて泡立て器ですり混ぜる。しっとり、ふんわりしてきたら粉類を3回に分けて加え(a)、ゴムベラで粉っぽさがなくなるまで混ぜ、牛乳も加えて混ぜる。
2　ひとまとめにして2枚のラップではさみ、めん棒で約12×約10cmくらい、8mm厚さにのばす(生地がやわらかいようなら、冷蔵室で少し休ませて)。ラップで包み、冷蔵室で2時間以上休ませる。オーブンを180℃に温める。
3　生地の4辺の端を少し切り落とし、5mm幅に切り、断面を上にして天板に並べる。表面に牛乳とはちみつを混ぜたものをハケで塗り、ごまを散らし、180℃のオーブンで12〜15分焼く。金網にのせて冷ます。

Bâton de sablé au macha

すり切れるくらい何度も読んだ小説には、
あの頃の思い出も、いっしょに眠ってる。
しおりがわりにはさんだ、四つ葉のクローバー。

抹茶マーブルのバークッキー

材料(1.5×12cmのもの20〜25本分)
【プレーン生地】
薄力粉　75g
バター(食塩不使用)　40g
粉砂糖　25g
牛乳　小さじ1
【抹茶生地】
薄力粉　35g
抹茶　小さじ1/2
バター(食塩不使用)　20g
粉砂糖　10g
牛乳　小さじ1/2

下準備
🌲 バターはすべて室温に戻す。
🌲 プレーン生地用の薄力粉、
　抹茶生地用の薄力粉と抹茶(合わせて)、
　粉砂糖はそれぞれふるう。
🌲 天板にオーブンシートを敷く。

作り方
1　プレーン生地を作る。ボウルにやわらかくしたバターを入れ、ゴムベラでクリーム状に練り、粉砂糖を2回に分けて加えて泡立て器ですり混ぜる。しっとりしてきたら薄力粉を3回に分けて加え、ゴムベラで粉っぽさがなくなるまで混ぜ、牛乳も加えてひとまとめにする。
2　抹茶生地も同様に作り、2cm厚さにのばしたプレーン生地の上にのせて軽くひねり(a)、2枚のラップではさんでめん棒で約12×約10cmくらい、1cm厚さにのばす(生地がやわらかいようなら、冷蔵室で少し休ませて)。ラップで包み、冷蔵室で2時間以上休ませる。オーブンを180℃に温める。
3　生地の4辺の端を少し切り落とし、5mm幅に切り、断面を上にして天板に並べる。表面に牛乳(分量外)をハケで塗り、180℃のオーブンで12〜15分焼き、金網にのせて冷ます。

Shortbread au sucre noir et poivre japonais

Bar Cookie 6

バターの香りが、ぎゅううっと詰まった
ビスケット、クッキー、サブレが好き。
素朴で、飾らなくて、まっすぐで。

黒糖と山椒のショートブレッド

材料(2×10cmのもの8本分)

薄力粉　150g
粉山椒　小さじ1
塩　2本の指でひとつまみ
バター(食塩不使用)　90g
黒砂糖(粉末のもの)　55g
卵黄　1/2個分

下準備

- バターは1cm角に切り、冷蔵室で冷やしておく。
- 薄力粉〜塩は合わせてふるう。
- 天板にオーブンシートを敷く。

作り方

1 ボウルに粉類とバターを入れ、カードなどでバターを切りながら粉と混ぜる(バターが溶けないように手早く・a)。バターが細かくなったら黒砂糖を加え、粉となじむまで切り混ぜる。

2 手のひらで一方向にこするようにしてバターのかたまりをつぶし(b)、卵黄を加えてさらにカードで切り混ぜる。ひとまとめにして2枚のラップではさみ、めん棒で9×15cmくらい、2cm厚さにのばし、ラップで包んで冷蔵室で2時間以上休ませる。オーブンを180℃に温める。

3 天板に生地をのせ、ナイフで2/3の深さまで2cm間隔の切り込みを7本入れ、竹串などで穴をあける(c)。180℃のオーブンで25〜30分焼き、粗熱がとれたら切り込みにナイフを入れて割る。

粉山椒

赤茶色に完熟した山椒の実を粉末にしたもので、ひとふり入れるだけで甘みがきりっとしまります。チョコレートとも相性がいいので、生チョコに混ぜたり、チョコレートケーキに加えたり。ドーナッツにごまといっしょに加えるのも、私は好き。

Bâton de sablé poche à la confiture de fraises

Bar Cookie 7

町はずれの古びた洋館には、
いつだって空想の世界の自分が住んでいた。
ガラスのシャンデリア、英国のティーセット、レースのベッドに囲まれて。

いちごジャムの絞り出しクッキー

材料(11cm長さのもの20～25本分)

薄力粉　90g
バター(食塩不使用)　60g
粉砂糖　30g
卵黄　1個分
バニラオイル　1～2滴
　いちごジャム　大さじ1
　キルシュ(または水)　小さじ1/4

下準備

✤ バターと卵黄は室温に戻す。
✤ いちごジャムはざるなどで裏ごしし、かたまりを除いておく。
✤ 薄力粉と粉砂糖は、それぞれふるう。
✤ いちごジャムの絞り袋を作る。
オーブンシートで底辺28cm、高さ14cmの二等辺三角形を作り(a)、長い辺の中心を支点にしてややきつめに円すい状に巻き、ホチキスでとめる。
✤ 天板にオーブンシートを敷く。
✤ オーブンを180℃に温める。

作り方

1　いちごジャムとキルシュを混ぜ、オーブンシートの絞り袋に入れておく(b)。
2　ボウルにやわらかくしたバターを入れ、ゴムベラでクリーム状に練り、粉砂糖を2回に分けて加えて泡立て器ですり混ぜる。しっとり、ふんわりしてきたら、卵黄、薄力粉の半量、バニラオイルの順に加えてそのつど泡立て器で混ぜ、残りの粉を加え、ゴムベラでさっくりと混ぜる。
3　直径1cmの星口金をつけた絞り出し袋に生地を入れ、天板にくるくると小さい円を描きながら10cm長さに絞り出す(c)。1の絞り袋の先を1～2mm切り、いちごジャムをちょこんちょこんとのせ(d)、180℃のオーブンで10～12分焼く。金網にのせて冷ます。

＊この生地は、時間をおくとかたくなるので、作ったらすぐに絞り出して。

Carré de sablé au café et à la cannelle

てっぺんに"ぽんぽん"がついた、おそろいの毛糸の帽子は、
こんこん降り積もる、雪の日の必需品。
お部屋へのおみやげは、ちいさな雪だるまふたつ。

square cookie 1

シナモンコーヒーのスクエアクッキー

材料(4.5cm角のもの約25枚分)

【プレーン生地】
薄力粉 90g
バター(食塩不使用) 60g
粉砂糖 35g
卵黄 1/2個分

【コーヒー生地】
薄力粉 85g
インスタントコーヒー(粉末のもの) 小さじ2
シナモン 小さじ1
バター(食塩不使用) 60g
粉砂糖 35g
卵黄 1/2個分

下準備
♣ バターは、それぞれ室温に戻す。
♣ プレーン生地の薄力粉、
　コーヒー生地の薄力粉～シナモン(合わせて)、
　粉砂糖は、それぞれふるう。
♣ 天板にオーブンシートを敷く。

作り方

1　プレーン生地を作る。ボウルにやわらかくしたバターを入れ、ゴムベラでクリーム状に練り、粉砂糖を加えて泡立て器でしっとり、ふんわりするまですり混ぜる。

2　卵黄を加えてよく混ぜ、薄力粉をふり入れて、ゴムベラで粉っぽさがなくなるまで混ぜる。2等分し、それぞれ2cm角×長さ20cmくらいの棒状にまとめ、ラップで包んで冷蔵室で30分休ませる。コーヒー生地も同様に作り、冷蔵室で30分休ませる。

3　プレーン生地とコーヒー生地を市松模様に重ねてくっつけ(a)、ラップで包んで冷蔵室で3時間以上休ませる。オーブンを180℃に温める。

4　生地を8mm厚さに切り、天板に並べ、180℃のオーブンで13～15分焼く。金網にのせて冷ます。

＊生地は、ラップで包んで1か月は冷凍保存可。半解凍してから切り分け、同じように焼いて。

Cube de sablé aux noix

クッキーの空き缶の中に、そーっとしまっておいたのは、
幼い頃のお出かけの、楽しい思い出のかけらたち。
ラムネのビー玉、ビロードのリボン、海辺で拾ったピンクのさくら貝。

くるみのキューブクッキー

材料(2.5cm角のもの24個分)

薄力粉　100g
アーモンドパウダー　40g
バター（食塩不使用）　80g
粉砂糖　40g
くるみ　40g
仕上げ用の粉砂糖、抹茶、きなこ　各適量

下準備

♣ くるみはオーブンシートを敷いた天板に広げ、170℃のオーブンで10分から焼きし(a)、粗熱がとれたら粗く刻む。
♣ バターは室温に戻す。
♣ 薄力粉とアーモンドパウダー（合わせて）、粉砂糖は、それぞれふるう。
♣ 天板にオーブンシートを敷く。

作り方

1　ボウルにやわらかくしたバターを入れ、ゴムベラでクリーム状に練り、粉砂糖を加えて泡立て器でしっとり、ふんわりするまですり混ぜる。粉類をふり入れ、ゴムベラで粉っぽさがなくなるまで混ぜ、くるみを加えてさっくりと混ぜる。

2　ひとまとめにして2枚のラップではさみ、めん棒でタテ8×ヨコ18cmくらい(2cm厚さ)にまとめ、ラップで包んで冷蔵室で20分休ませる(そのままひと晩おいてもOK)。

3　生地の4辺の端を少し切り落とし、2cm角に切り(b)、ラップをかけて冷蔵室で30分休ませる。オーブンを170℃に温める。

4　天板に並べ、170℃のオーブンで15〜20分焼く。バットに抹茶1：粉砂糖4、きなこ1：粉砂糖2、粉砂糖適量を広げたものをそれぞれ用意し、熱いうちに全体にまぶす。

Scone au sucre noir

square scone 3

ポットにたっぷりの紅茶を用意したら、
ぼーっとするのも、ため息をつくのも、今日は好きなだけ。
お気に入りのカップといっしょに、ひとり気ままなアフタヌーン・ティー。

黒糖のキューブスコーン

材料(3cm角のもの16個分)

薄力粉　190g
ベーキングパウダー　大さじ1/2
バター(食塩不使用)　80g
黒砂糖　40g
卵　1個
牛乳　大さじ1 1/2
ツヤ出し用の牛乳　適量
【黒糖クリーム】
生クリーム　100ml
黒砂糖　大さじ1〜2

下準備
♣ バターは1cm角に切り、冷蔵室で冷やしておく。
♣ 卵は牛乳と混ぜ、冷蔵室で冷やしておく。
♣ 薄力粉とベーキングパウダーは、合わせてふるう。
♣ 天板にオーブンシートを敷く。

作り方

1　ボウルに粉類と冷たいバターを入れ、カードでバターを切りながら粉と混ぜる(a)。バターの形が見えなくなるまで細かくなったら、手のひらで一方向にすり合わせて粉チーズ状にする(b)。

2　黒砂糖、卵+牛乳の順に加え、カードで粉っぽさがなくなるまで切り混ぜる。ひとまとめにして2枚のラップではさみ、めん棒で2cm厚さ(タテ14×ヨコ14cmくらい)にまとめ、ラップで包んで冷蔵室で30分休ませる。オーブンを190℃に温める。

3　生地の4辺の端を切り落とし、3cm角に切り(c)、天板に並べる。表面に牛乳をハケで塗り、190℃のオーブンで12〜13分焼く。

4　黒糖クリームを作る。ボウルに生クリームと黒砂糖を入れ、底に氷水をあてながら、ツノが立っておじぎするくらいまで泡立てる(七分立て)。スコーンに添えて食べる。

Cracker au poivre et parmesan

square cracker 4

やさしさも、思いやりも、さびしさも、心の中ではわかっているのに、
意地っぱりと恥ずかしがりが、通せんぼ。
ずーっと伝えられなかった、「ごめんね」と「ありがとう」。

ペッパーチーズのスクエアクラッカー

材料(3.5㎝角のもの20枚分)

薄力粉　130g
バター(食塩不使用)　65g
卵黄　2個分
冷水　小さじ4
塩　小さじ1/4
パルメザンチーズのすりおろし　大さじ2 1/2
仕上げにふる粗びき黒こしょう　適量

下準備
♣ バターは1㎝角に切り、冷蔵室で冷やしておく。
♣ 薄力粉と塩は、合わせてふるう。
♣ 天板にオーブンシートを敷く。

作り方

1 ボウルに粉類と冷たいバターを入れ、カードでバターを切りながら粉と混ぜる。バターの形が見えなくなるまで細かくなったら、手のひらで一方向にすり合わせて粉チーズ状にする(a)。

2 1の中央に卵黄、冷水を入れ、粉の壁を外側に向かってくずしながら混ぜる(b)。軽く混ざったら、カードで粉っぽさがなくなるまで切り混ぜ、平たい四角形にまとめてラップで包み(c)、冷蔵室で1時間以上休ませる。オーブンを190℃に温める。

3 生地を2枚のラップではさみ、めん棒で3㎜厚さ(タテ16×ヨコ20㎝くらい)にのばし、3.5㎝角に切る(あればパイカッターで切ると、切り口がギザギザに)。天板に並べ、フォークで全体に穴をあけ(d)、パルメザンチーズをのせて190℃のオーブンで15〜18分焼く。金網にのせ、熱いうちに黒こしょうをふる。

Menu 3

大切なあの人と食べたいな。
特別な日のスティックケーキ

"ハッピーバースデー"の歌のかわりに。
「これからも仲よくしてね」のカードのかわりに。
ふんわりクリーム、とろーりチョコレートに込めたのは、
ちいさな、ちいさな私の気持ち。
ひと口かじったら、気づくはず。
なつかしくて、やさしくて、あったかくて、
いつかまたきっと食べたくなる味。

with all my heart

Gâteau aux fraises et au lait concentré

いちごミルクのショートケーキ

洋菓子屋さんのショーケースにそのコを見つけると、
にっこり、えへへ、うふふふふ。
いくつになったって、何度口にしたって。

Gâteau au chocolat blanc et macha

抹茶とホワイトチョコのショートケーキ

年に一度きりの、世界でいちばんうれしい時間に
いっしょにいられたらいいな。
ひらひら雪の季節の、あなたのバースデー。

スポンジ生地の作り方

材料(15×15cmの角型1台分)

薄力粉　65g
砂糖　70g
バター(食塩不使用)　20g
卵　2個
牛乳　大さじ1

下準備
- 薄力粉はふるう(抹茶スポンジは、抹茶もいっしょに)。
- 型にバター(分量外)を塗り、パラフィン紙(127ページ参照・またはオーブンシート)を敷く。
- オーブンを180℃に温める。

1 バターを溶かす
小鍋にバターと牛乳を入れて弱火にかけ、バターが溶けたら火を止め、容器に移して粗熱をとる。

2 卵を泡立てる
ボウルに卵を割り入れ、湯せんにかけながらハンドミキサーの高速で泡立てる。

卵が白っぽく、もったりとしてきたら、砂糖を2回に分けて加え、そのつどよく泡立てる。途中、人肌(指を入れて温かく感じるくらい)に温まったら、ボウルを湯せんからはずす。

すくってみて、リボン状に積み重なるようになったら泡立て終了。

3 粉を混ぜる
薄力粉を一気に加え、ゴムベラで切るように混ぜる(最後に生地のまん中をゴムベラで底からすくってみて、粉の粒が残っていないかをチェックして)。

4 バターを合わせる
生地をゴムベラでひとすくいし、1のバターに加え、ぐるぐるっと混ぜる。

バターを混ぜた生地を元のボウルに回し入れ、ゴムベラで底からすくい上げるようにして混ぜ合わせる(最後に生地のまん中をゴムベラで底からすくってみて、バターが残っていないかをチェックして)。

5 空気を抜く
型に生地を流し、台に1～2回軽く落として中の空気を抜く。

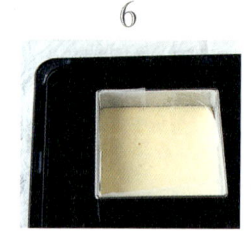

6 焼く
180℃のオーブンで15～20分焼く。焼き上がったら熱いうちにもう1回型を台に落とし(中の熱を早く抜くため)、型から出し、金網にのせて冷ます。

Stick Cake 1

いちごミルクのショートケーキ

材料(3×12cmのもの4組分)
【スポンジ生地】
左ページ参照
【クリーム】
生クリーム　200ml
コンデンスミルク(加糖練乳)　大さじ1$\frac{1}{2}$
【シロップ】
砂糖　大さじ1
水　大さじ2
キルシュ(あれば)　小さじ$\frac{1}{2}$
いちご　適量

作り方
1　スポンジは、左ページを参照して作る。
2　シロップを作る。小鍋に砂糖と水を入れ、弱火にかけて砂糖を溶かし、粗熱がとれたらキルシュを加えて冷ましておく。
3　クリームを作る。ボウルに生クリームを入れ、底に氷水をあてながらとろりとするまで泡立てる(六分立て・a)。コンデンスミルクを加え、もう一度とろりとするまで泡立てる。
4　スポンジが完全に冷めたら、表面の焼き色部分を薄くそぎ落とし、厚みを半分にし、4辺の端を少し落として4等分に細く切る。1枚の表面にシロップをハケで塗り、クリームをナイフで広げ、半分に切ったいちごを並べてクリームをのせる。もう1枚のスポンジでサンドし、その表面にもシロップを塗り、クリームといちごを飾る。これを4組作る。

Stick Cake 2

抹茶とホワイトチョコのショートケーキ

材料(3×12cmのもの4組分)
【スポンジ生地】
左ページ参照＋抹茶　小さじ1
【クリーム】
製菓用ホワイトチョコレート　150g
生クリーム　150ml
【シロップ】
抹茶　小さじ$\frac{1}{4}$
砂糖　大さじ1
熱湯　大さじ2
仕上げ用のホワイトチョコレート　適量

下準備
▲クリーム用のホワイトチョコレートは、細かく刻む。

♛ カルマの製菓用ホワイトチョコレート
チョコをスポンジでサンドし、固めてからカットする、このケーキ。板チョコではしっかりと固まってくれないので、ぜひ製菓用のものを使って。私が好きなのは、スイス「カルマ」のタブレットタイプのもの。
(ク)→入手先は128ページに

作り方
1　抹茶スポンジは、左ページを参照して作る。
2　シロップを作る。ボウルに抹茶をふるい入れ、熱湯少々(分量外)で溶き、砂糖と熱湯を加えて泡立て器で混ぜる(砂糖が溶けきらないときは、弱火にかけて)。
3　クリームを作る。耐熱ボウルにホワイトチョコレート、生クリームの半量を入れ、ラップをかけて電子レンジで2分半加熱して溶かし、底に氷水をあてて泡立て器で混ぜながら粗熱をとる。ここに、氷水にあててとろりと泡立てた(六分立て)残りの生クリームを3回に分けて加え、よく混ぜる。
4　スポンジが完全に冷めたら、表面の焼き色部分を薄くそぎ落とし、厚みを半分に切る。1枚の表面にシロップの半量をハケで塗り、クリームの$\frac{2}{3}$量をナイフで広げ(a)、もう1枚のスポンジでサンドする。ラップをかけ、冷蔵室で15分ほど休ませる。
5　スポンジの表面に残りのシロップを塗り、残りのクリームをナイフで広げ、スプーンなどで薄く削ったホワイトチョコを飾る。冷蔵室で1時間冷やし、熱湯で温めたナイフで4辺の端を少し切り落とし、4等分に細く切る。

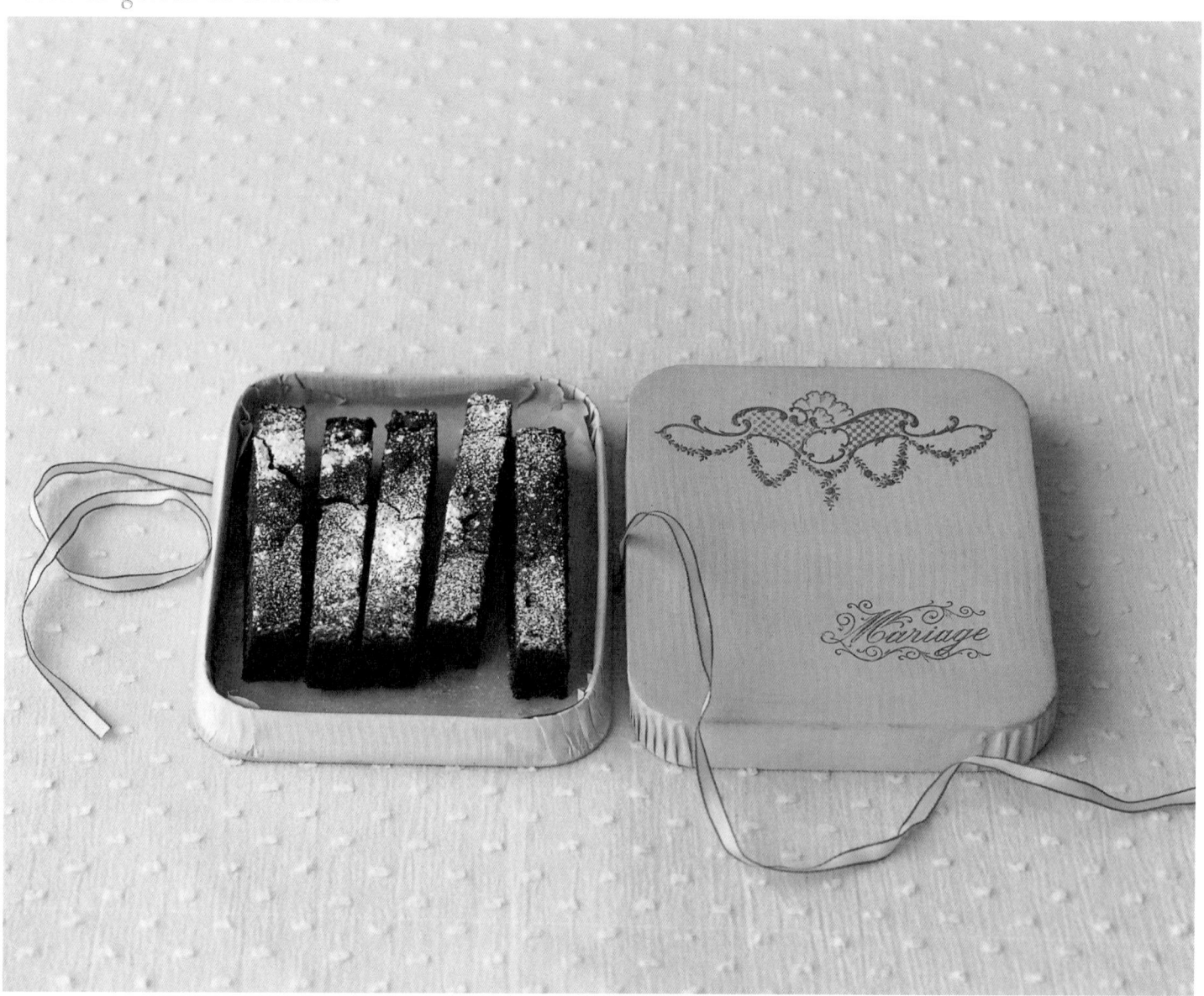

Bâton de gâteau au chocolat

Stick Cake 3

初めて贈ったのはたしか、ハート形のピーナッツチョコ。
数えきれないくらいケンカして、そのたびに仲直りして。
もうすぐやってくる、十数回めのふたりのバレンタイン。

スティックガトーショコラ

材料(15×15cmの角型1台分)
　製菓用チョコレート　60g
　バター(食塩不使用)　40g
砂糖　60g
卵黄　2個分
卵白　2個分
薄力粉　大さじ$2\frac{2}{3}$
ココア　大さじ2
生クリーム　小さじ4
グランマニエ(またはラム酒)　小さじ2
飾り用の粉砂糖　適量

下準備
♣ 卵は室温に戻す。
♣ チョコレートは細かく刻む。
♣ 薄力粉とココアは合わせてふるう。
♣ 型にバター(分量外)を塗り、
　オーブンシートを敷く。

作り方
1　耐熱容器にチョコレートとバターを入れ、ラップをかけて電子レンジで2分加熱して溶かす。オーブンを180℃に温める。
2　ボウルに卵黄と砂糖の$\frac{1}{3}$量を入れ、白っぽくなるまで泡立て器ですり混ぜる。1のチョコレート、生クリーム、グランマニエ、粉類の順に加え、そのつどよく混ぜる。
3　別のボウルに卵白を入れて泡立て、もったりしてきたら残りの砂糖を2回に分けて加え、ピンとツノが立つしっかりとしたメレンゲを作る(a)。これの$\frac{1}{3}$量を2に加えて泡立て器でしっかりと混ぜ(b)、残りのメレンゲを一度に加え、泡をつぶさないようにふんわりと白い筋がなくなるまで混ぜる。
4　型に流し、底をトントンとたたいて平らにならし、180℃のオーブンで20〜25分焼く。粗熱がとれたら、冷蔵室で1〜2時間冷やし、型から出し、熱湯で温めたナイフで1.5cm幅に切る。好みで粉砂糖を茶こしでふる。

Bâton de gâteau au chocolat blanc

小花のクロシェ、ちっちゃなドイリー、可憐なレースフラワー。
少しずつ集めていった、大好きなもの。
白くて、やわらかくて、やさしい気持ちになれるもの。

紅茶のガトーショコラブラン

材料(15×15cmの角型1台分)

: 製菓用ホワイトチョコレート　80g
: バター(食塩不使用)　30g
: 紅茶の葉　小さじ1/2
薄力粉　35g
砂糖　30g
卵黄　2個分
卵白　2個分
生クリーム　小さじ4
ブランデー(またはラム酒)　小さじ1

下準備
▲ 卵は室温に戻す。
▲ ホワイトチョコレートは細かく刻む。
▲ 薄力粉はふるう。
▲ 型にバター(分量外)を塗り、
　オーブンシートを敷く。

作り方

1　耐熱容器にホワイトチョコレート、バター、紅茶の葉(指で細かくつぶしながら。ティーバッグならそのまま)を入れ(a)、ラップをかけて電子レンジで2分加熱して溶かす。オーブンを180℃に温める。

2　ボウルに卵黄と砂糖の半量を入れ、白っぽくなるまで泡立て器ですり混ぜる。1のチョコレート、生クリーム、ブランデー、薄力粉の順に加え、そのつどよく混ぜる。

3　別のボウルに卵白を入れて泡立て、もったりしてきたら残りの砂糖を2回に分けて加え、ピンとツノが立つしっかりとしたメレンゲを作る。これの1/3量を2に加えて泡立て器でしっかりと混ぜ、残りのメレンゲを一度に加え、泡をつぶさないようにふんわりと白い筋がなくなるまで混ぜる。

4　型に流し、底をトントンとたたいて平らにならし、180℃のオーブンで20～25分焼く。粗熱がとれたら冷蔵室で1～2時間冷やし、型から出し、熱湯で温めたナイフで1.5cm幅に切る。

Éclair au sirop d'érable

メープルエクレア

ちっちゃい頃から大好きなシュークリームには、
卵のやわらかなおいしさが、ぎゅーっと詰まってる。
やさしく包んでくれる、お母さんの手みたいに。

Éclair

スティックエクレア

学生時代のノートの束には、
楽しいおしゃべりのあしあとがいっぱい。
五線譜の上には、ほら、おどる音符たち。

シュー生地の作り方

材料(2×15cmのもの12本分)
薄力粉　45g
バター(食塩不使用)　30g
卵　3個
水　70ml
砂糖　小さじ1/2
塩　2本の指でひとつまみ

下準備
♣ 卵は室温に戻す。
♣ バターは1cm角に切る。
♣ 薄力粉はふるう。
♣ オーブンシートに15cm長さの線を間隔をあけて12本描き、天板に敷き、その上にもう1枚オーブンシートを重ねる。
♣ オーブンを220℃に温める。

1 バターを溶かす
鍋にバター、水、砂糖、塩を入れて中火にかけ、木ベラで混ぜながらバターを完全に溶かす。

2 粉を加える
ふつふつと沸騰したら薄力粉を一度に加え、ごく弱火にし、木ベラでかたまりをつぶしながら切るように混ぜる。

粉っぽさがなくなり、全体がつるんとひとまとまりになったら火からおろす。

3 卵を加える
すぐに、よく溶いた卵の1/3量を加える。

木ベラでかたまりをつぶしながら、切るように混ぜる。はじめは分離しているけれど、しだいになじんでくるので、がんばって。

卵がこのくらいなじめばOK。

4 少しずつ卵を加える
残りの卵を少しずつ加え、そのつど木ベラで手早く混ぜてなじませる。

生地がヘラから三角にたれ残るくらいになったら、卵を加えるのをやめる。温かいうちに、直径8mmの丸口金をつけた絞り出し袋に入れる。

5 絞り出す
オーブンシートの線にそって12本絞り出す。15cm長さまで絞ったら、その上に重ねるようにしてもう1回絞り出す(生地が冷めないように手早く)。

6 霧を吹いて焼く
霧吹きで水を吹きかけ、オーブンを210℃に設定しなおして13〜15分、ふくらんで焼き色がついたら180℃に下げて5分焼く。金網にのせて冷ます。

Stick éclair 5

メープルエクレア

材料(2×15cmのもの12本分)

【シュー生地】
左ページ参照
【メープルクリーム】
生クリーム 100ml
メープルシロップ 大さじ2
砂糖 小さじ1

作り方
1 シュー生地は、左ページを参照して作る。
2 メープルクリームを作る。ボウルに生クリームと砂糖を入れ、底に氷水をあてながら軽くとろみがつくまで泡立て、メープルシロップを加えてツノが立つまで泡立てる(八分立て)。
3 直径1cmの星口金をつけた絞り出し袋に入れ、完全に冷めてから半分に切ったシューに、くるくると小さい円を縦に描きながら絞り出してサンドする。

♛ H・T・エミコットの
　メープルシロップ

サトウカエデの樹液を煮つめたシロップ。味が濃くて香りがいい、カナダ・ケベック州産の「No.2 アンバー」を愛用しています。ココアや紅茶に入れたり、プリンやかき氷にかけたり。

Stick éclair 6

スティックエクレア

材料(2×15cmのもの12本分)

【シュー生地】
左ページ参照
コーティング用チョコレート 100g＊
【カスタードクリーム】
卵黄 1個分
牛乳 100ml
砂糖 25g
バター(食塩不使用) 10g
薄力粉 大さじ1 1/2
グランマニエ(あれば) 小さじ1/2
バニラビーンズ 1/3本

＊多めに用意し、あまった分を固めて使って

♛ コーティング用
　チョコレート

湯せんにかけて溶かすだけで、つややかなチョコのコーティングができます。チョコレートケーキのデコレーションに使ったり、チョコバナナを作っても楽しい。

(ク)→入手先は128ページに

作り方
1 シュー生地は、左ページを参照して作る。
2 カスタードクリームを作る。ボウルに卵黄と砂糖を入れて泡立て器ですり混ぜ、薄力粉をふるい入れて、粉っぽさがなくなるまで混ぜる。
3 鍋に牛乳とバニラビーンズ(縦半分に割って中身をしごき出し、さやもいっしょに)を入れて中火にかけ、沸騰直前で火を止める。これを2に少しずつ注ぎ、よく混ぜたら鍋に戻し、泡立て器で絶えず混ぜながら、とろみがつくまで中火にかける。バターを加えて余熱で溶かし、バニラビーンズのさやを取り出し、グランマニエを加えて混ぜる。
4 ラップを敷いたバットに流し、ラップでぴったりと包み、氷水にあてて粗熱をとったあと、冷蔵室で20〜30分冷やす。これを直径3mmの丸口金をつけた絞り出し袋に入れ、完全に冷めたシューの底に竹串で穴をあけ、絞り入れる(a)。半分に切ってクリームをはさんでもいい。
5 コーティング用チョコレートを湯せんにかけて溶かし、上面につけ(b)、金網にのせて固める。

Tarte au citron

レモンタルト

旅先から届いたカードの、なつかしい文字は
そっけないくらい、ぶっきらぼうで。
照れやなあの人がくれた、精いっぱいの言葉たち。

Tarte aux fruits

フルーツタルト

図書館から借りた本の片隅に見つけた、
となりのクラスのあの人の名前。
今ごろ気がついた、この気持ちは……。

タルト生地の作り方

材料(3×11cmのもの5個分)

薄力粉　100g
バター(食塩不使用)　60g
粉砂糖　30g
卵黄　1/2個分
塩　3本の指でひとつまみ

下準備
- バターは1cm角に切り、冷蔵室で冷やしておく。
- 薄力粉はふるう。
- 天板にオーブンシートを敷く。

1 タルト型を作る
牛乳パックを4×14cmに切り、両端からそれぞれ1.5cmのところに深さ2cmの切り込みを入れ、その部分を立ち上げてボート形にしてホチキスでとめる。オーブンシートでも同様に作り、タルト型の中に敷く。これを5組用意する。

2 バターと粉を切り混ぜる
ボウルに薄力粉とバターを入れ、カードなどでバターを切りながら粉と混ぜる(バターが溶けないように手早く)。

3 卵黄を加える
粉砂糖、卵黄、塩の順に加え、そのつどカードで切り混ぜる。

4 冷蔵室で休ませる
生地を手でぎゅっぎゅっと押してひとまとめにし、平たい四角形にする。ラップで包み、冷蔵室で2時間以上休ませる。

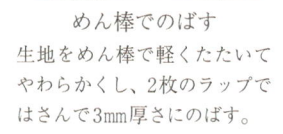

5 めん棒でのばす
生地をめん棒で軽くたたいてやわらかくし、2枚のラップではさんで3mm厚さにのばす。

6 型に敷く
型に合わせて生地をナイフで切り、四隅を三角に落とす。

7 オーブンで焼く
型にきっちりと敷き込み、底全体にフォークで穴をあけ、ラップをかけて冷蔵室で30分休ませる。オーブンを180℃に温める。

天板に並べ(ぐらぐらするときは、アルミホイルをくしゃくしゃにして型の下にかませて)、180℃のオーブンで7〜8分焼く(途中で底がふくらんできたら、細長く丸めたアルミホイルを重しがわりにのせて)。型から出し、金網にのせて冷ます。

Stick Tarte 7

レモンタルト

材料(3×11cmのもの5個分)
【タルト生地】
左ページ参照
【レモンクリーム】
卵 1/2個分
卵黄 1/2個分
砂糖 35g
バター(食塩不使用) 20g
レモン汁 小さじ4
コーンスターチ 小さじ1/3

作り方
1 タルト生地は、左ページを参照して作る。
2 レモンクリームを作る。オーブンを200℃に温める。ボウルに卵、卵黄、砂糖を入れて泡立て器ですり混ぜ、コーンスターチ、レモン汁の順に加えてそのつど混ぜる。鍋に移して木ベラで混ぜながらとろみがつくまで中火にかけ(a)、ボウルに移してバターを加え、余熱で溶かす。
3 1のタルト台に2のクリームをスプーンで詰め、型に戻し入れて200℃のオーブンで5分焼く。粗熱がとれたら、型から出して冷ます。

a

Stick Tarte 8

フルーツタルト

材料(3×11cmのもの5個分)
【タルト生地】
左ページ参照
【クリーム】
マスカルポーネチーズ 150g
砂糖 大さじ2 1/2
ブルーベリー 20粒
キウイ 1個

作り方
1 タルト生地は、左ページを参照して作る。
2 ボウルにマスカルポーネチーズと砂糖を入れ、泡立て器でクリーム状に練り混ぜる。これを直径1cmの星口金をつけた絞り出し袋に入れ、完全に冷めたタルト台にくるくると小さい円を縦に描きながら絞り出し、ブルーベリーと小さく切ったキウイをのせる。

♛ マスカルポーネチーズ
生クリームをややかためにしたような濃厚なコクと、ほのかな甘みがあり、ティラミスの材料としてもおなじみ。クラッカーにフルーツやスモークサーモンといっしょにのせてオードブルにしたり、このままはちみつをかけて食べるのも好き。イタリア産のものが、やっぱりおいしい。

Mille-feuilles à la crème de lait de soja

Stick Cake 9

秋風といっしょに窓から流れてきたのは、
なつかしいハーモニカのメロディー。
いつもひとりで口ずさんでた、グリーンスリーブス。

豆乳とあずきのスティックミルフィーユ

材料(1.5×11cmのもの8組分)
冷凍パイシート(20×20cm)　1枚
卵黄　1個分
豆乳　100ml
砂糖　25g
バター(有塩のもの)　20g
薄力粉　大さじ1 1/2
ゆであずき　大さじ1

下準備
♣ 冷凍パイシートは、
　室温に5分ほど出しておく。
♣ 天板にオーブンシートを敷く。
♣ オーブンを180℃に温める。

作り方
1　ボウルに卵黄と砂糖を入れて泡立て器ですり混ぜ、薄力粉をふるい入れて、粉っぽさがなくなるまで混ぜる。ここに沸騰直前まで温めた豆乳を少しずつ注ぎ、鍋に戻して泡立て器で混ぜながら、とろみがつくまで中火にかける。バターを加えて余熱で溶かし、よく混ぜる。
2　ラップを敷いたバットに流し、ラップでぴったりと包み、氷水にあてて粗熱をとり、冷蔵室で20〜30分冷やす。
3　冷凍パイシートをのばさずに1.5×11cmの長方形8枚に切り、天板に並べて全体にフォークで穴をあけ(a)、180℃のオーブンで11〜13分焼く。完全に冷めたらナイフで厚みを半分に切り、2のクリームにゆであずきを混ぜたもの(b)をスプーンでのせ、サンドする。

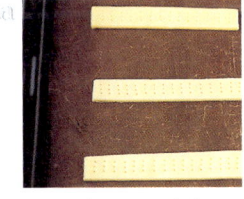

✚ 冷凍パイシート ✚

手軽においしいパイが焼けて、重宝する冷凍パイシート。私が愛用しているのは、ニュージーランド・ベラミーズ社のもの。フレッシュバターを100%使用していて、風味がいいんです。カスタードクリームをサンドしてミルフィーユに、半端に残ったらパルメザンチーズをまぶし、棒状にひねって焼いて、チーズスティックパイにしても。

好きなおやつは、

どーれかな？

Menu 4

いろんなおいしいが、いっぱい。
ちっちゃなデザートとお菓子 ア・ラ・カルト

ちっちゃな頃から大好きだった
アイスクリーム、プリン、ドーナッツ。
プチサイズに変身させたら、ただそれだけで
ちょっぴりよそゆき顔、「はじめまして」の新しい表情。
気がつけば、キッチンでひとり
らららん、なんてハミングしてる。
笑ってる日も、泣いている日も
ひとりのときも、ふたりのときも
きっとこれからも、ずうっとずっといっしょ。

Let's eat together!

Bâton de pudding

à la carte 1

3時のおやつのおたのしみは
卵とミルク、お砂糖から生まれる、ちいさな物語。
スプーンでお口に入れれば、ほら、はじまりはじまり。

スティックプリン

材料(18×7×7cmの耐熱容器1個分)＊
卵　2個
卵黄　1個分
牛乳　350ml
砂糖　70g
バニラビーンズ　3cm
グランマニエ(あれば)　大さじ1/2
【キャラメルソース】
砂糖　80g
水　大さじ1 1/2
＊パウンド型でもOK

下準備
▲ 卵と卵黄は室温に戻す。
▲ 容器の内側にバター(分量外)を塗る。
▲ オーブンを160℃に温める。

作り方
1　キャラメルソースを作る。小鍋に砂糖と水を入れて中火にかけ(鍋はゆすらずに)、茶色くなりはじめたら鍋を回して色みを均一にする。全体が濃いこげ茶色になったら火を止め、すぐに容器に流し(a)、そのまま冷ます。
2　鍋に牛乳、砂糖の半量、バニラビーンズ(縦半分に割って中身をしごき出し、さやもいっしょに)を入れて中火にかけ、沸騰直前で火を止める。
3　ボウルに卵黄と残りの砂糖を入れ、白っぽくなるまで泡立て器ですり混ぜ、溶いた卵を加えてどろりとしたかたまりがなくなるまで、泡立て器をジグザグに動かして混ぜる。2の牛乳液(少しずつ)、グランマニエの順に加えて混ぜ、こし器を通して1の容器に注ぐ。
4　天板にふきんを敷いて3をのせ(b)、オーブンに入れて熱湯をふちギリギリまで注ぐ。160℃のオーブンで30分湯せん焼きにし、軽くゆすって表面がプルッとゆれるくらいになったら焼き上がり。粗熱がとれたら冷蔵室で1～2時間冷やし、型とプリンの間にナイフを入れ、皿をかぶせてひっくり返して出し、2cm幅に切る。

Bâton de chocolat et biscuit

à la carte 2

ひとりぼっちになりたい日には、
チョコと詩集とブランケットを片手に、おこもり。
明日はもっと笑顔になれますように。

ビスケット入りチョコバー

材料(19×13×3.5cmのバット1枚分)＊
製菓用チョコレート　180g
バター(食塩不使用)　30g
マリービスケット　18枚
グランマニエ(またはラム酒)　大さじ$1\frac{1}{2}$
牛乳　大さじ1
仕上げ用のココア　適量
＊密閉容器や四角い皿などでもOK

下準備
🌲 マリービスケットは7〜8mm角に刻む。
🌲 チョコレートは細かく刻む。

作り方
1　ボウルにビスケット、グランマニエ、牛乳を入れて混ぜ、5分くらいおいてしめらせる(a)。
2　耐熱ボウルにチョコレートとバターを入れ、ラップをかけて電子レンジで2分半加熱して溶かす。1のビスケットを加え、ゴムベラで混ぜる(b)。
3　ラップを敷いたバットに流し、平らにならし、冷蔵室で1時間冷やし固める。バットから出し、熱湯で温めたナイフで1.5cm幅に切り、表面にココアを茶こしでふる。

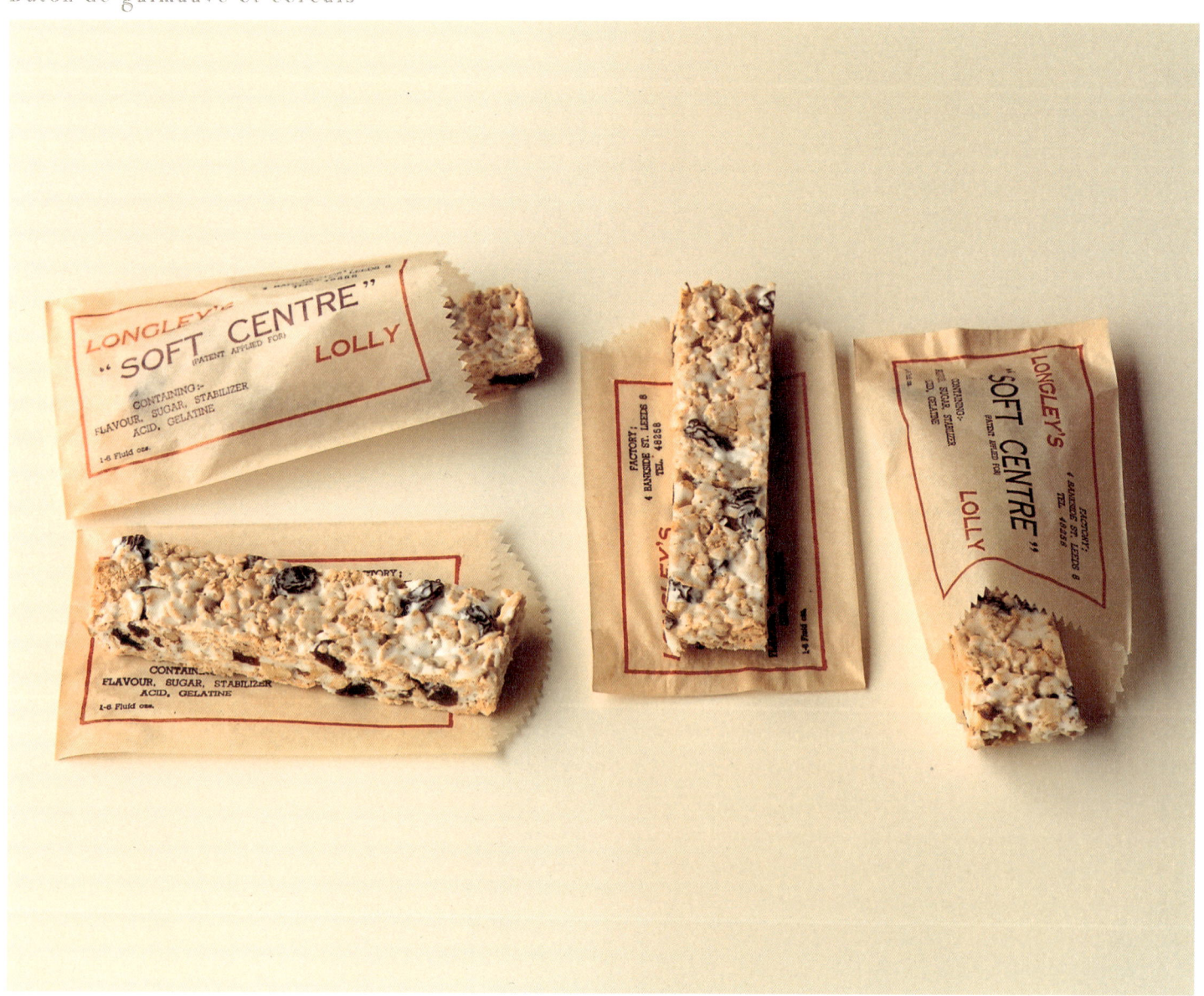

Bâton de guimauve et céréals

à la carte 3

ふわふわマシュマロは、
生まれたての赤ちゃんのほっぺみたい。
むちむち白くて、ほーんのり甘い、なつかしい香り。

玄米フレークとナッツのマシュマロバー

材料(19×13×3.5cmのバット1枚分)*

マシュマロ　100g
バター(食塩不使用)　20g
玄米フレーク　1カップ
くるみ　1/2カップ
レーズン　1/2カップ
＊密閉容器や四角い皿などでもOK

下準備
🌲 くるみは粗く刻み、
　フライパンでからいりする。
🌲 バットにオーブンシートを敷く。

作り方
1 鍋にバターを入れて弱火で溶かし、マシュマロを加えて木ベラで混ぜながら完全に溶かす(a)。
2 玄米フレーク、くるみ、レーズンを加えてゴムベラで混ぜ、熱いうちにバットに広げる(b)。上からぎゅっぎゅっと押して平らにならし、粗熱がとれたらアルミホイルをかけ、冷蔵室で1時間冷やし固める。バットから出し、2.5cm幅に切る。

anytime, anywhere with me!

Bâton de glace et oreo

à la carte 4

ダブルガーゼの花柄のスカートに、
ちっちゃなかごバッグ、れんげで編んだ髪飾り。
夏の思い出のシーンは、いつだって時間が止まったまま。

オレオのアイスサンドバー

材料(15×10×3.5cmの容器1個分)
オレオクッキー　16組
バター(食塩不使用)　40g
ストロベリーアイス　小2カップ(150ml)

作り方

1　オレオクッキーをクリームつきのままファスナー式のビニール袋に入れ、めん棒でたたいたり、転がしたりしながら細かく砕く(a)。これと電子レンジに1分弱かけて溶かしたバターをボウルに入れてよく混ぜ、ラップを敷いた容器に半量入れ、指で押しながらしっかりと敷きつめる。冷凍室で30分〜1時間冷やし固める。

2　室温に4〜5分出してやわらかくしたアイスクリームを1にのせ、スプーンで平らにならし、冷凍室で1時間冷やし固める。

3　残りのクッキーを同様にのせ(b)、指で押して平らにならし、冷凍室で30分〜1時間冷やし固める。容器から出し、熱湯で温めたナイフで3cm幅に切る。

bitter and sweet memory

Bâton de doughnut à la cannelle

à la carte 5

雨降りの午後のキッチンからは、
なぜかきまって、揚げたてのドーナッツの香り。
こごえたおなかも、ほこほこあったまるね。

シナモンスティックドーナッツ

材料(11cm長さのもの12〜15本分)

薄力粉　200g
ベーキングパウダー　小さじ1
シナモン　小さじ1
オールスパイス(あれば)　小さじ1/4
砂糖　70g
プレーンヨーグルト　1/2カップ
卵　1個
打ち粉用の粉、揚げ油、粉砂糖　各適量

下準備
★ ヨーグルトはキッチンペーパーを敷いたざるにのせ、15分水きりして50g分用意する。
★ 卵は室温に戻す。
★ 薄力粉〜オールスパイスは合わせてふるう。

作り方
1　ボウルに卵を溶きほぐし、砂糖とヨーグルトを加えて泡立て器でダマがないように混ぜる。粉類を加えて粉っぽさがなくなるまで混ぜ、手でひとまとめにする。
2　打ち粉をふった台にのせ、めん棒でタテ8×ヨコ15cmくらい、1.5cm厚さにのばす。1cm幅に切り、手でねじる(a)。
3　揚げ油を低めの中温(160〜170度)に熱し、2を1本ずつ2〜3回に分けて入れ、3〜4分かけてきつね色になるまでカリッと揚げる。油をよくきり、熱いうちに粉砂糖をまぶす。

a

♛ プレーンヨーグルト
お菓子作りに使うなら、甘みの少ないプレーンタイプを。「ブルガリアヨーグルト」は、酸味がはっきりしていて、加熱したあともヨーグルトの風味がしっかり残っておすすめ。パンケーキに混ぜて焼いてもおいしい。

Dacquoise au beurre d'arachide

à la carte 6

両手にあふれるくらい、どんぐりを拾ったり、
野いちごを集めて、仲よくほおばったり。
セピア色の時間は、今だって胸のアルバムの中。

ダコワーズのピーナッツバターサンド

材料(1.5×10cmのもの7組分)

- アーモンドパウダー　30g
- 粉砂糖　20g
- 薄力粉　大さじ1/2

粉砂糖　20g
卵白　1 1/2個分
ピーナッツバター(加糖)　大さじ1〜2
焼く前にふる粉砂糖　適量

下準備

- 卵白は室温に戻す。
- アーモンドパウダー〜薄力粉は、合わせてふるう。
- オーブンシートに10cm長さの線を間隔をあけて7本×2列描き、天板に敷き、その上にもう1枚オーブンシートを重ねる。
- オーブンを160℃に温める。

作り方

1 ボウルに卵白を入れて泡立て、もったりしてきたら粉砂糖を2回に分けて加え、ピンとツノが立つしっかりとしたメレンゲを作る(a)。

2 粉類を加え、粉っぽさがなくなるまでゴムベラで切るようにさっくりと混ぜ、直径8mmの丸口金をつけた絞り出し袋に入れる。

3 オーブンシートの線にそって、ゆっくりとやや太めに14本絞り出し(b)、表面に粉砂糖を茶こしでたっぷりとふり、もう1回ふってから160℃のオーブンで20〜25分焼く。金網にのせて完全に冷まし、ピーナッツバターをナイフで塗り(c)、2枚1組にしてサンドする。

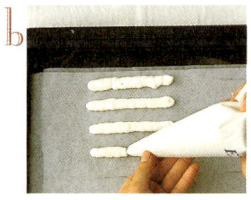

Pudding au fromage

à la carte 7

牛乳、卵、お砂糖。入っているのはそれだけなのに、
ぽってり、ふるふる、つーるりん。
どうしてプリンって、こんなにおいしいの。

チーズプリン

材料(50mlの容器5個分)
クリームチーズ　50g
牛乳　120ml
生クリーム　45ml
砂糖　20g
卵黄　1個分
板ゼラチン　2g
バニラビーンズ(あれば)　1/3本
メープルシロップ　適量

下準備
♠ クリームチーズは室温に戻す。
♠ 板ゼラチンは冷水に5分つけてふやかす。

作り方
1　鍋に牛乳、生クリーム、砂糖、バニラビーンズ(縦半分に割って)を入れて中火にかけ、沸騰直前で火を止める。水けを絞ったゼラチンを加え、木ベラで混ぜながら余熱で完全に溶かし、ボウルに移して粗熱をとる。
2　別のボウルにクリームチーズを入れてゴムベラでやわらかく練り、卵黄を加えて泡立て器で混ぜる。1のゼラチン液を3回に分けて加え、そのつどよく混ぜ合わせる。
3　こし器でこしてダマを除き(a)、器に流して冷蔵室で1〜2時間冷やし固める。メープルシロップをかけて食べる。

Bouchée au fromage

à la carte 8

小さなお客さまが遊びに来る日には、
かわいいおやつを、テーブルいっぱいに用意して。
ちっちゃなおててで、ちっちゃなお口にぱくり。

チーズクリームのプチパイ

材料(直径4cmのもの12個分)
冷凍パイシート(20×20cm)　2枚
クリームチーズ　60g
サワークリーム　30g
砂糖　45g
ツヤ出し用の溶き卵　適量

下準備
♠ クリームチーズは室温に戻す。
♠ 冷凍パイシートは室温に5分ほど出しておく。
♠ 天板にオーブンシートを敷く。
♠ オーブンを200℃に温める。

作り方
1 冷凍パイシートはめん棒で2mm厚さにのばし、直径5cmの丸型で24個抜く。半分をさらにひとまわり小さな(直径2cmくらい)丸型で抜き(a)、ドーナッツ形にする。
2 天板に丸い生地を並べて溶き卵をハケで塗り、ドーナッツ形の生地を重ね、この表面にも溶き卵を塗る。200℃のオーブンで8分焼き、粗熱をとる。
3 オーブンを200℃に温める。ボウルにクリームチーズを入れてゴムベラでやわらかく練り、サワークリームを加えて練り混ぜ、砂糖を加えて泡立て器ですり混ぜる。これを2に詰め、200℃のオーブンで2分焼く。

a

Cookie de fromage au chocolat

チーズとチョコチップのドロップクッキー

à la carte 9

たしか初めて焼いたクッキーは、
チョコチップがごろごろ入った、こんなドロップスタイル。
ちょっぴり焼きすぎて苦かったのも、今ではいい思い出。

CHOCO CHIP

材料（直径4cmのもの10個分）

薄力粉　50g
ベーキングパウダー　小さじ1/4
クリームチーズ　35g
バター（食塩不使用）　20g
卵　1/2個分
砂糖　大さじ1
チョコチップ　60g
ピーナッツ（粗く砕いて）　20g
飾り用のクリームチーズ　30g

下準備

- 飾り用のクリームチーズは1.5cm角に切り、冷蔵室で冷やしておく。
- クリームチーズ、バター、卵は室温に戻す。
- 天板にオーブンシートを敷く。
- オーブンを180℃に温める。

作り方

1. ボウルにクリームチーズとバターを入れてゴムベラでやわらかく練り、砂糖を加えて泡立て器でふんわりするまですり混ぜる。卵も加えて混ぜる。
2. 薄力粉とベーキングパウダーをふるい入れ、ゴムベラで粉っぽさがなくなるまで混ぜ、チョコチップとピーナッツを加えてさっくり混ぜ合わせる。
3. 2をスプーンに山盛り1杯ずつすくって天板に落とし、飾り用のクリームチーズをのせ(a)、180℃のオーブンで18〜20分焼く。

Petit chiffon cake au fromage

à la carte 10

ミニパウンド型、プチタルト型、プリンカップ……。
ちっちゃなお菓子の型は、見ているだけでも、うふふふふう。
思い出すのは、楽しかったおままごとの時間。

カッテージチーズのプチシフォン

材料(直径7cmのプリン型6個分)

薄力粉　45g
ベーキングパウダー　小さじ1/4
カッテージチーズ(裏ごしタイプ)　30g
砂糖　40g
卵黄　1個分
卵白　2個分
水　大さじ2
サラダ油　大さじ1
[トッピング]
生クリーム　150ml
カッテージチーズ　大さじ3
砂糖　大さじ1
ブルーベリージャム　適量

下準備
♣ 卵は室温に戻す。
♣ オーブンを170℃に温める。

作り方

1　ボウルにカッテージチーズを入れてゴムベラでやわらかく練り、砂糖の半量を加えて泡立て器ですり混ぜる。卵黄、水、サラダ油の順に少しずつ加えてそのつど混ぜ、薄力粉とベーキングパウダーをふるい入れて、粉っぽさがなくなるまで混ぜる。

2　別のボウルに卵白を入れて泡立て、もったりしてきたら残りの砂糖を2回に分けて加え、ピンとツノが立つメレンゲを作る(a)。これの1/3量を1に加えて泡立て器でムラなく混ぜ、残りのメレンゲを2回に分けて加え、ゴムベラで白いかたまりがないようにさっくり合わせる(b)。

3　型に流して170℃のオーブンで20〜25分焼き、型ごと逆さまにして金網にのせて冷ます(c)。型から出すときは、生地との間にナイフを差し込んではずす。

4　トッピングを作る。ボウルに生クリーム、カッテージチーズ、砂糖を入れ、氷水にあてながらとろっとするまで泡立て器で混ぜる。これをスプーンでケーキにのせ、ブルーベリージャムを飾る。

Pudding au potiron

à la carte 11

しゅんしゅん、蒸し器から上がる白い湯気は、
週末、のんびり過ごす時間からの贈りもの。
たまごのおいしさがぎゅーっと詰まった、おうちプリン。

かぼちゃのスクエアプリン

材料(15×15cmの流し缶1台分)＊

かぼちゃ　小1/4個(正味130g)
卵　1個
卵黄　1個分
牛乳　100ml
生クリーム　40ml
サワークリーム　20g
砂糖　40g
塩　3本の指でひとつまみ
シナモン　少々
仕上げ用のメープルシロップ　適量

下準備

♣ 卵と卵黄は室温に戻す。
♣ 型の内側にバター(分量外)を塗る。

❋ 流し缶 ❋
プリンやパンプディング、寒天などの液体もののお菓子作りには、ステンレス製の流し缶がおすすめ。耐水性があり、さびにも強く、取り出しやすさは抜群。サイズは、15×15×深さ4.5cm。「寒天流」は(ケ)
→入手先は128ページに

作り方

1. かぼちゃは種とワタをとってひと口大に切り、アルミホイルで包んで190℃のオーブンで30分焼く(またはラップをかけ、電子レンジで5～6分加熱する)。竹串がすっと通るようになったら、熱いうちに皮をとって裏ごしし(a)、130g分を用意する。オーブンを170℃に温める。

2. ボウルにサワークリームを入れ、1のかぼちゃを加えてゴムベラで混ぜ、砂糖を2回に分けて加えて泡立て器ですり混ぜる。卵黄、溶いた卵(2回に分けて)、生クリームと牛乳(それぞれ少しずつ)、塩、シナモンの順に加え、そのつどよく混ぜる(b)。

3. 型に流し、天板に耐熱性のバット(または耐熱皿)を置いた上にのせ、オーブンに入れて熱湯を天板のふちギリギリまで注ぐ(やけどに注意)。170℃で25分焼き、粗熱がとれたら冷蔵室で1～2時間冷やし、型から出して4.5cm角に切る。メープルシロップをかけて食べる。

＊15×15cmの角型で作る場合は、内側にオーブンシートを敷くと取り出しやすくなります。

Panna cotta au macha

à la carte 12

小花模様のはぎれのクロスを集めて、ちくちくコースター作り。
気分はひと足先に、ぽかぽかの春。
窓辺でそうっと芽を出した、ヒヤシンスの球根。

抹茶のスクエアパンナコッタ

材料(6×6×3cmの容器4個分)

牛乳　180ml
生クリーム　80ml
砂糖　30g
板ゼラチン　3g
抹茶　大さじ1/2

下準備
♣板ゼラチンは冷水につけてふやかす。

作り方
1. 鍋に牛乳と砂糖を入れて中火にかけ、フツフツしたら火を止め、水けを絞ったゼラチンを加えて、木ベラで混ぜながら溶かす。
2. ボウルに抹茶をふるい入れ、1のゼラチン液をごく少量加え、泡立て器で混ぜて溶かす(a)。残りのゼラチン液、生クリーム(それぞれ少しずつ)の順に加え、よく混ぜる。
3. 型に流し、冷蔵室で1～2時間冷やし固める。

Pavé au chocolat

à la carte 13

意気込んで、ひと月も前にいっしょに用意した、初めてのチョコレート。
結局ふたりとも、渡せずじまいだったよね。
ほろ苦いチョコの甘さとともに消えた、ふたつのちいさな恋。

生チョコキューブ

材料(19×13×3.5cmのバット1枚分)＊
製菓用チョコレート　100g
バター（食塩不使用）　20g
生クリーム　60ml
水あめ　小さじ1
仕上げ用のココア　適量

下準備
🍀 チョコレートは細かく刻む。
🍀 バットにオーブンシートを敷く。

作り方
1. 小鍋に生クリームと水あめを入れ、木ベラで混ぜながらフツフツするまで中火にかける。
2. ボウルにチョコレートを入れ、湯せん（ボウルの底に湯をあてる）にかけて溶かす。1を加え、湯せんにかけながらゴムベラでよく混ぜ、バターを加えて溶かす(a)。
3. バットに流し、粗熱がとれたら冷凍室で1〜2時間冷やし固める。バットから出して1.5cm角に切り、ココアを全体にまぶす。
　＊グラタン皿でもOK。
　保存は冷蔵室で、3日くらいもちます。

Parfait à la menthe

à la carte 14

からん、ころんとストローを回して、氷を鳴らしながら飲むのが、
もっともっと涼しくなる、おまじない。
真夏の昼下がり、きーんと冷たいカルピス。

スクエアミントパルフェ

材料（16×11×4.5cmの密閉容器1個分）

プレーンヨーグルト　200g
砂糖　50g
生クリーム　200ml
ミントリキュール　90ml

下準備
♣ 容器にオーブンシートを敷く。

作り方
1. ボウルにヨーグルトと砂糖を入れ、泡立て器で混ぜる。砂糖がなじんだら、生クリーム（3回に分けて）、ミントリキュールの順に加え、よく混ぜる(a)。
2. 容器に流し、ふた（なければラップ）をして冷凍室で3～4時間冷やし固める。容器から出し、3cm角に切る。

※ ミントリキュール
フレッシュなミントから抽出したオイルを、スピリッツに配合したもの。チョコと相性がいいので、生チョコに少し混ぜても。これをソーダで割った飲み物は、フランスのカフェの定番ドリンク。
「クレームドミントグリーン」は（ク）
→入手先は128ページに

Pavé de gelée de kiwis

à la carte 15

しゅわしゅわ、ぷちぷち、はじける水玉は、
プールの底で見つけた、ひみつのたからもの。
息を止めて、目を開けて、いーち、にー、さん。

キウイのスクエア寒天

材料(15×15cmの流し缶1台分)＊

キウイ　5個
水　300ml
粉寒天　小さじ1
砂糖　100g
コアントロー（またはラム酒）　大さじ1/2

下準備
♣ 型の内側を水でぬらす。

✤ コアントロー ✤
オレンジの皮から作られるリキュールで、オレンジの香りとまろやかな甘さが特徴。柑橘系やキウイなど、酸味の強いフルーツのお菓子の風味づけに。甘いバナナとの相性も抜群。(ク)→入手先は128ページに

作り方
1　キウイは皮をむき、5mm幅の輪切りにしてから1枚を6等分し、型に入れておく。
2　鍋に水の半量と粉寒天を入れ、木ベラで混ぜながら中火にかけ、沸騰したら火を弱めて、混ぜながら1～2分煮て溶かす(a)。火を止めて砂糖を加え、余熱で溶かし、コアントロー、残りの水を加えてよく混ぜる。
3　型に流し(b)、粗熱がとれたら冷蔵室で1時間冷やし固める。型から出し、4.5cm角に切る。

＊15×15cmの角型で作る場合は、内側にオーブンシートを敷いて。

Pudding au croissant

à la carte 16

ぬくぬくのお布団が、やわらかくて、気持ちよくて。
なかなか出られない、日曜日の遅い朝。
目覚ましがわりは、オーブンからの甘ーい卵の香り。

クロワッサンのスクエアパンプディング

材料(15×15cmの流し缶1台分)＊
クロワッサン　3個
卵　3個
三温糖（または砂糖）　60g
牛乳　330ml
　レーズン　大さじ2
　ラム酒　大さじ1

下準備
♣卵は室温に戻す。
♣耐熱容器にレーズンとラム酒を入れ、電子レンジで1分半加熱する。
♣型の内側にバター（分量外）を塗る。
♣オーブンを170℃に温める。

作り方
1　クロワッサンは3cmくらいの大きさに切り、型に敷きつめ、レーズンを散らす。
2　ボウルに卵を溶きほぐし、三温糖を加えて泡立て器で混ぜる。人肌くらいに温めた牛乳を少しずつ加え、よく混ぜる。
3　こし器を通して1に注ぎ（a、b）。天板に耐熱性のバット（または耐熱皿）を置いた上にのせ、オーブンに入れて熱湯を天板のふちギリギリまで注ぐ（やけどに注意）。170℃で30分焼き、粗熱がとれたら冷蔵室で1〜2時間冷やし、型から出して5.5cm角に切る。

＊15×15cmの角型で作る場合は、内側にオーブンシートを敷いて。

Gâteau à la crème au beurre et café

街に1軒しかない、昔ながらの洋菓子屋さんで、
大事に大事に母と選んだ、バタークリームのケーキ。
10本のローソクでお祝いした、ハッピー・バースデー。

à la carte 17

コーヒーバタークリームのスクエアケーキ

材料(15×15cmの角型1台分)

【スポンジ生地】(30×30cmの天板2/3枚分)
薄力粉 80g
バター(食塩不使用) 20g
砂糖 80g
卵黄 3個分
卵白 3個分
インスタントコーヒー(粉末のもの) 小さじ2

【コーヒーバタークリーム】
バター(食塩不使用) 80g
砂糖 40g
生クリーム 40ml
卵 1/2個分
インスタントコーヒー(粉末のもの) 小さじ2
コーヒーリキュール(またはラム酒) 大さじ1/2

下準備
♣ 生地の卵、クリームのバターは室温に戻す。
♣ 薄力粉はふるう。
♣ 天板の1/3にアルミホイルをたたんで置き、残り(30×20cm)にオーブンシートを敷く(a)。
♣ 生地のバターは、電子レンジで30秒〜1分加熱して溶かす。
♣ オーブンを190℃に温める。

作り方

1 スポンジ生地を作る。ボウルに卵黄と砂糖の2/3量を入れ、泡立て器で白っぽくなるまで混ぜる。コーヒーも加えて混ぜる。

2 別のボウルに卵白を入れ、ツノが立つまで泡立て、残りの砂糖を加えてもう一度ツノが立つまで泡立てる。これの1/3量、薄力粉の半量の順に1に加えて泡立て器で混ぜ(b)、残りの卵白の半量、残りの粉、残りの卵白の順に加え、ゴムベラで白い筋がなくなるまで混ぜる。溶かしたバターも加えて混ぜる。

3 天板に流し、1、2回軽く落として空気を抜き、190℃のオーブンで10〜12分焼く。型から出して金網にのせ、ラップをかけて冷ます。

4 コーヒーバタークリームを作る。ボウルにバターを入れ、クリーム状に練っておく。別のボウルに卵と砂糖大さじ2を入れ、湯せんにかけながらもったりするまで泡立て、バターに加える。コーヒーをリキュールで溶いたもの、残りの砂糖を加えてツノが立つ直前まで泡立てた生クリーム(2回に分けて)の順に加え、よく混ぜる(c)。

5 スポンジを15cm角2枚に切り、焼き色部分をそぎ落として厚みをそろえる。オーブンシートを敷いた型に入れ、クリームをサンドし(d)、冷蔵室で1〜2時間休ませる。型から出して4.5cm角に切る。

*保存は冷蔵室で、2日くらいもちます。

コーヒーリキュール「カルーア」
香り高くローストしたコーヒー豆から作られるリキュール。ティラミスやコーヒー味のケーキの風味づけに使うほか、チョコのお菓子にも。アイスクリームにそのままかけて食べるのも好き。
(ク)→入手先は128ページに

Caramel mou au beurre salé

à la carte 18

ポッケにいつも入ってた、黄色い箱は、
パパからのおみやげ、ママにはナイショの甘いおやつ。
お口の中でゆっくり溶かすうちに、心はうとうとお昼寝気分。

塩バターキャラメル

材料(19×13×3.5cmのバット1枚分)＊

- 砂糖　100g
- 水　大さじ1/2
- バター（食塩不使用）　80g
- コンデンスミルク　100g
- 水あめ　100g
- バニラビーンズ　5cm
- フルール・ド・セル（または粗塩）　小さじ1/2＊＊

＊＊粗塩を使う場合は、やや少なめに。

下準備
♣ バットにオーブンシートを敷く。

フルール・ド・セル

フランス・ブルターニュ地方南部のゲランドで作られる海の塩。塩田の表面に最初に結晶化したもので、「フルール・ド・セル（塩の花）」と呼ばれています。海の自然の味を残しながらも、丸みのある繊細な味わい。
「ゲランドの塩 海の果実」は(ク)
→入手先は128ページに

作り方

1. 鍋にコンデンスミルク、水あめ、バニラビーンズ（縦半分に割って中身をしごき出し、さやもいっしょに）を入れて中火にかけ、水あめが溶けてフツフツしたら(a)、火を止める。

2. 別の鍋に水と砂糖を入れて中火にかけ（鍋はゆすらずに）、茶色くなりはじめたら鍋を回して色みを均一にし、全体が濃いこげ茶色になったら火を止める(b)。1を一気に回し入れ（はねるので注意）、弱火にかけて木ベラで混ぜ、フツフツしたらバターを加えて火を止めて溶かす。

3. バニラのさやを取り出し、フルール・ド・セルを加え(c)、バットに流して(d)台に2、3回軽く落として平らにならす（熱いので注意）。粗熱がとれたら冷蔵室で2～3時間冷やし固め、バットから出して2cm角に切る。

＊グラタン皿でもOK。保存は冷蔵室で、1週間くらいもちます。

Pâte de fruits à la framboise et pomme

à la carte 19

キラキラお空から見える、ツリーも飾ったし、
大きなくつ下もつるしたし、お手紙だって書いちゃった。
早くこないかな。なかなか寝つけない、クリスマス・イブの夜。

ラズベリーとりんごのパート・ド・フリュイ

材料(19×13×3.5cmのバット1枚分)

ラズベリー(冷凍)　300g
りんご(皮と芯をとって)　100g（約1/2個）
グラニュー糖　190g
レモン汁　小さじ1/4
まわりにまぶすグラニュー糖　適量

下準備
♣ グラニュー糖は80gと110gに分ける。
♣ バットの内側にバターを塗り、
　 グラニュー糖をまぶす(ともに分量外・a)。
♣ 小皿1枚を冷蔵室で冷やしておく。

作り方

1　りんごはいちょう切りにして鍋に入れ、レモン汁とグラニュー糖80gを全体にまぶし、15分ほどおいて水分を出す(b)。中火にかけ、りんごが透き通ってきたら、ラズベリーを凍ったまま加えて混ぜる。

2　ラズベリーがやわらかくなったら火を止め、ミキサーにかけてピューレ状にし(またはざるで裏ごしして)、ざるを通して(余分な種を除くため)鍋に戻す。

3　2にグラニュー糖110gを加えて中火にかけ、木ベラで混ぜながら半量くらいになるまで煮つめる(c)。スプーンで少量すくい、冷やしておいた皿に落とし、液が広がらずにこんもりとした状態でいればOK(d・流れるようならもう少し煮つめて)。

4　バットに流し、台に2、3回軽く落として平らにならし(熱いので注意)、冷蔵室でひと晩冷やし固める。バットから出して2cm角に切り、食べる直前にグラニュー糖を全体にまぶす。

＊グラタン皿でもOK。保存は冷蔵室で、4〜5日もちます。

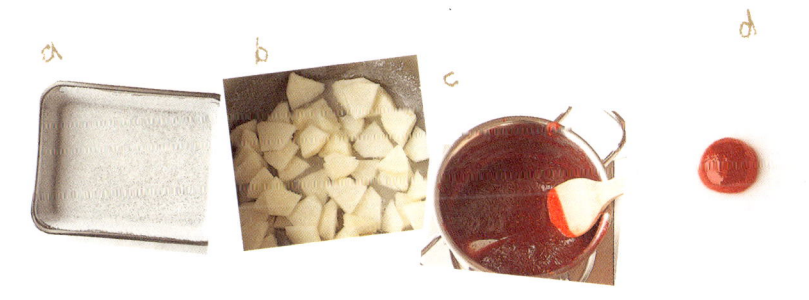

Petit Gâteau

おすそわけのヒント

おうちにあるもので

フルーツのちび容器で

ブルーベリーが入っていた透明の容器。ミニなこのサイズが、ちっちゃなケーキにぴったり。麻ひもを荷物風に十字にかけ、フォークを添えれば、その場ですぐお味見だってできちゃいます。

チーズのパッケージで

かわいいデザインが目白押しのチーズのパッケージ。オーブンシートやワックスペーパーを敷いてバターケーキをちょこん。フィルムで包んで毛糸でしばれば、あったかい気持ちまで伝わってきそう。

ジャムの空きびんに

手でつまんで、パクリと気軽に食べてほしいクッキー。シンプルにびんに入れ、ふたにリボンの切れ端をペタリ。このワンポイントで、不思議と贈りものの空気に。

ガラスコップに

おちびなコップにクッキーを詰め、ちいさなレースのミニクロスをあしらって。リボンで結べば、乙女ちっくな雰囲気がいっぱい。

市販のものを使って

パニムール型に

雑貨店などでよく目にする木製の焼き型「パニムール」は、ラッピングアイテムとしてもgood。ふんわりケーキを並べてフィルムで包み、英字新聞の帯をアクセントに。

グラシン紙の袋で

透け感がかわいいグラシン紙の袋は、油じみの心配もなく、おすそわけのマストアイテム。雑貨店などで入手できます。スティック状のケーキをさっと入れ、バナナについてきたシールをおちゃめにペタン。

コーヒー豆用の袋に

雑貨店で見つけたコーヒー豆を入れる袋に、バターケーキを。窓からコンニチハ、の姿がなんとも愛らしい。これも油がしみてこないので安心。口はワイヤーリボンでラフにとめて。

OPPフィルムの袋で

厚紙にレースペーパーを重ね、食品用のOPPフィルムに入れて、カード風に。いーっぱい作って、おちびさんたちに配っても楽しい。

おいしく焼けたから、たくさんできたから、あの人にも食べてほしいな。
そんな気持ちごと届けられる、さりげなくてかわいいアイデア、集めてみました。

包装紙でくるり

スティック状の形を生かして、キャンディ風にきゅっ。かわいい包装紙にオーブンシートを重ねれば、しっとりブラウニーだってOK。雑誌の切り抜きや英字新聞などをアクセントに貼りつけて、とっておきのプチ・プレゼントに。

紙コップにがさっ

紙ナプキンといっしょに、紙コップにがさっと。手渡しして、その場でカリッポリッ。できたてのおいしさを届けて。

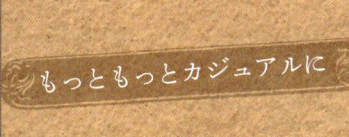

もっともっとカジュアルに

フルーツやヨーグルトの空き容器

チェリーやラズベリーなどのフルーツが入っていた容器、ヨーグルトやチーズ、生クリームのからのき容器は、ちっちゃなスティックケーキを入れるのにちょうどいいサイズ。海外のものは絵柄もかわいくて、持っているだけでもにっこり。

かわいい紙袋

柄や色使いがさまざまな市販の紙袋や封筒は、ちょこちょこ集める楽しさもいっぱい。もらったほうも、自然と顔がほころびそう。

刺しゅう糸と毛糸

ほっこり感のあるウールの刺しゅう糸や毛糸を、何本かまとめてリボンがわりに使うと、やさしい雰囲気に。色の組み合わせをあれこれ考える時間も楽しい。

ひもいろいろ

リネン糸、経木をひも状にしたものも、さりげなくてかわいいラッピングアイテム。ナチュラル素材ならではの、素朴で温かみのあるティストが◎。

海外の切手

旅行先で買ったもの、お友達から届いたエアメール、雑貨屋さんで見つけたものなどなど。異国情緒たっぷりの海外の切手を、シールがわりにペタリ。

アンティークなボタン

くるみボタンに貝ボタン。色、形、素材もびっくりするくらい種類が豊富なボタンは、ちょっと目を引くアクセントに。結んだひもなどにばっちりとつけて。

持っているとうれしい小物たち

Ingredients 材料のおはなし

お菓子作りは、材料をそろえるところからはじまります。
卵のサイズ、砂糖の種類、バターや粉のこと……。
まずはここを読んでから、キッチンに立ってくださいね。

お菓子作りのおもな材料

バター butter

この本では、基本的にバターは食塩不使用のものを使っています。有塩のものだと塩けが強く、しつこい甘さに仕上がるので注意して。ちなみによつ葉」のフレッシュバターは、風味がとてもよく、お菓子がおいしく作れます。(ク)→入手先は128ページに

砂糖 sugar

レシピ中の「砂糖」とは、すべて上白糖のこと。グラニュー糖よりも溶けやすく、扱いやすいのでおすすめです。また「粉砂糖」は、バターや卵となじみがよく、生地が分離しにくくなって、軽い仕上がりになるのが特徴。上白糖でも作れますが、レシピにそうあるところはぜひ、粉砂糖を使って。

卵 egg

卵はすべてMサイズのものを使用しています。お店などでサイズの表示がないものもたまに見かけますが、そのときは割って計量してみて。正味55g前後、卵黄17～18g、卵白37～38gがMサイズの目安です。

生クリーム fresh cream

動物性脂肪のものが、やっぱりおいしい。乳脂肪分47%くらいのものがコクがあっておすすめですが、デコレーションに使うときは、何度もなでるとモロモロになりやすいので注意して。できれば乳脂肪分35％のものと半量ずつミックスすると、なめらかさ抜群のクリームに。

チョコレート chocolate

ブラウニーやガトーショコラなど、チョコレートの風味が決めてのお菓子には、カカオ分が多く混ぜものの少ない、製菓用のものをぜひ使って。私のお気に入りは、「カルマ」のタブレットタイプ。クッキーに使う板チョコなら、「コートドール」が好き。「カルマ」(ク)→入手先は128ページに

クリームチーズ cream cheese

チーズのお菓子に欠かせない材料。フランス「kiri」のものが、酸味がはっきりしていてクリーミーでおいしいと思います。ポーション、ブロックタイプの両方があります。

洋酒 liquor

お菓子作りに欠かせない洋酒。この本の中で使っているのは、ラム酒、グランマニエ、ブランデー、キルシュなど。グランマニエはオレンジ、キルシュはさくらんぼから作られるリキュール。ブランデーはラム酒でも代用できるし、あくまで香りづけなので、なければ入れなくても。

バニラビーンズなど vanilla beans etc.

カスタードクリームやプリンに加えると、抜群においしく仕上がるバニラビーンズ。もし手に入らなければ、バニラエッセンスで代用して。バニラオイルはオーブンで焼いたあとも香りがしっかり残るので、クッキーなどの焼き菓子向き。

How to 作りはじめるまえに

この本のお菓子を作るときのコツを、いくつかまとめてみました。
ちっちゃなケーキだからこそ、気をつけてほしい点もいくつか。どうぞ忘れないで。

ベーキングパウダーのはかり方

小さなケーキなので、加えるベーキングパウダーの量もちょこっと。「小さじ¼弱」はすりきり1杯ではかったあと、ナイフなどで4等分し、それより気持ち少なめにして。

型の下準備

型の内側にバターを薄く塗り、オーブンシートを敷きます。シートは写真のように型の大きさに合わせて切り、切り込みを入れると、きれいに敷けます。

バターの戻し方

バターを室温に戻すときは、あらかじめ1cm角くらいに切っておくとスムーズ。軽く押してみて指が入るくらいのやわらかさになったら、ゴムベラでクリーム状に練ります。

生地をならす

型に生地を流したあと平らにならすには、実はカードなどよりも定規がお役立ち。30cm定規をこうして持つと、小回りがきいてぴったり。スティック状にまっすぐ切るときにも必要なので、キッチン用に1本用意しておくと便利です。

オーブンの予熱は

レシピにある温度と焼き時間は、あくまでも目安。扉の開け閉めでも温度が下がってしまうので、できれば表示の温度よりも10℃くらい高めに予熱しておくと、レシピに近い時間でスムーズに焼き上がります。焼くときは、レシピにある温度に再び設定して。

絞り出し袋の使い方

口金を上に向け(中身が出ないように)、背の高いコップに立て、口を10cmくらい外側に返しておくと、生地を入れるときもらくちん。また、絞り出し袋の口をねじって中身が出ないように押さえ、もう一方の手で口金の上を支えて方向づけをすると、きれいに絞り出せます。

切り方

ガトーショコラ、チーズケーキなどのしっとり系のケーキは、ナイフを熱湯につけて温め、水けをふきとってから切ると、切り口がきれいに。あとは1回切るごとに、熱湯でかたく絞ったふきんでふきながら。

パラフィン紙

スポンジケーキを上手にふくらませるためには、オーブンシートよりも表面がつるつるしていないパラフィン紙(またはグラシン紙)をぜひ使って。大手スーパーの製菓材料コーナーなどで入手できます。なければオーブンシートで代用して。

この本で使った型

15×15cmの角型

バターケーキ、ガトーショコラ、スポンジケーキ…どれもちょっと小さめの、かわいいサイズに焼き上がります。ブリキ製。(ク)→入手先は128ページに

手作りするなら…

15cmの角型が手に入らなければ、手作りすることもできます。25cm角に切ったオーブンシートを2枚重ね、底が15×15cmの箱型になるように折り目をつけます。15×5cmにカットした牛乳パックを4辺にはさんで補強し、四隅をホチキスでとめれば完成。これなら型の下準備も不要です。

黒川愉子 ♣ くろかわゆうこ

♣ 1972年、神奈川県生まれのO型
♣ 立教大学フランス文学科を卒業後、
　2000年にパリのリッツ・エスコフィエにてディプロムを取得
♣ 現在は東京・西荻窪で、ご主人と娘さんとの3人暮らし
♣ 著書に『ホットケーキミックスでパパッと作れる！うちカフェおやつ』（共著）、
　『ちいさな野菜スープの本』『ちっちゃなチーズケーキの本』（すべて小社刊）、
　『贈り物にしたい 大人のショコラ』（家の光協会）など。
　http://www004.upp.so-net.ne.jp/Atelier_Cuisine/

♣ お菓子材料＆道具が手に入る、おすすめネットショップ
　cuoca（クオカ）→（ク）
　http://www.cuoca.com
　0120-863-639（10:00～18:00）
　・商品の取り扱い先は、2013年9月20日現在のものです。お店や商品の状況によって、
　同じものが入手できない場合もあります。あらかじめご了承ください。

ブックデザイン／天野美保子　撮影／馬場わかな　スタイリング／道広哲子　調理アシスタント／高澤玲子、本田詠子
取材／渋江妙子　校閲／滄流社　編集／足立昭子

ちっちゃな焼き菓子とケーキの本

著　者　黒川愉子
編集人　泊出紀子
発行人　黒川裕二
発行所　株式会社 主婦と生活社
　　　　〒104-8357　東京都中央区京橋3-5-7
　　　　Tel. 03-3563-5321（編集部）
　　　　Tel. 03-3563-5121（販売部）
　　　　Tel. 03-3563-5125（生産部）
印刷所　凸版印刷株式会社
製本所　大日本印刷株式会社

落丁・乱丁の場合はお取り替えいたします。お買い求めの書店か、小社生産部までお申し出ください。
R 本書を無断で複写複製（電子化を含む）することは、著作権法上の例外を除き、禁じられています。本書をコピーされる場合は、事前に日本複製権センター（JRRC）の許諾を受けてください。
また、本書を代行業者等の第三者に依頼してスキャンやデジタル化をすることは、たとえ個人や家庭内の利用であっても一切認められておりません。
JRRC（http://www.jrrc.or.jp）Eメール:jrrc_info@jrrc.or.jp　Tel:03-3401-2382）

©YUKO KUROKAWA 2013　Printed in Japan
ISBN978-4-391-14365-2
お送りいただいた個人情報は、今後の編集企画の参考としてのみ使用し、他の目的には使用いたしません。詳しくは当社のプライバシーポリシー（http://www.shufu.co.jp/privacy/）をご覧ください。

＊本書は別冊すてきな奥さん『ちっちゃなチーズケーキのレシピブック』『ちっちゃなスティックケーキのレシピブック』『ちっちゃなスクエアケーキのレシピブック』を再編集・書籍化したものです。